# ITINÉRAIRE HISTORIQUE

DU

# CHEMIN DE FER DU NORD.

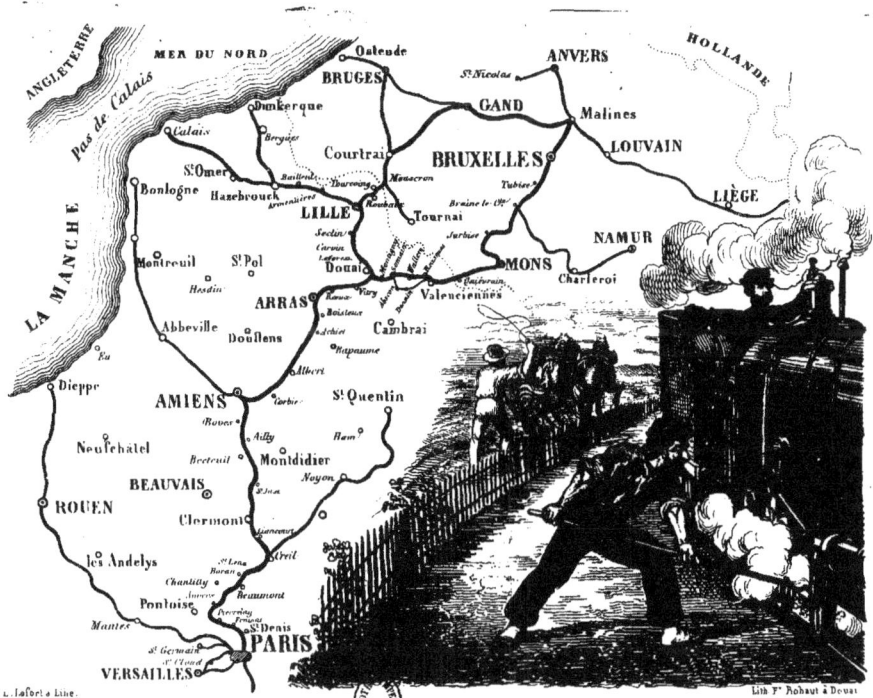

# ITINÉRAIRE HISTORIQUE

## DU

## CHEMIN DE FER DU NORD

De Paris à Lille et à Bruxelles
Par Amiens, Arras, Douai, Valenciennes, Mons,
De Creil à St-Quentin,
D'Amiens à Boulogne
Et de Lille à Dunkerque et à Calais.

DEUXIÈME ÉDITION.

# LILLE

## L. LEFORT, IMPRIMEUR - LIBRAIRE.

## 1852

# PRÉLIMINAIRES.

---

## Départ de Paris.

Qu'on habite la Capitale, ou qu'on soit venu seulement visiter ce temple du goût, centre inépuisable de travaux littéraires, artistiques, industriels, exposition permanente de chefs-d'œuvre dans toutes les branches des connaissances humaines, on se plaît à y séjourner; et, malgré les agitations périodiques d'une excessive population, on regretterait d'être à toujours exilé de Paris; on ne le quitte pas sans l'espoir d'y revenir bientôt.

Néanmoins, il est des moments où la fatigue des affaires peut-être même des plaisirs, fait rechercher des lieux plus calmes ; la fraîcheur de l'air et celle de la verdure invitent à quitter ce sol brûlant, cette atmosphère chargée de tant de vapeurs diverses, pour aller respirer plus à l'aise.

Jamais il n'a été aussi facile qu'aujourd'hui de se livrer à cette douce distraction, et à la jouissance de contempler des aspects nouveaux.

La locomotive vous attend ; elle va s'élancer avec sa rapidité féerique ; les wagons s'ouvrent devant vous et vous invitent à prendre rang. Si vous êtes embarrassés sur le choix de l'une ou l'autre de ces voies de fer, immense réseau dont Paris est le nœud, venez, accompagnez-moi sur la route du Nord ; venez voir des contrées qui, moins poétisées que celles du midi de la France, vous offriront un intérêt d'autant plus neuf ; j'essaierai de vous servir de guide et de vous rendre le voyage plus agréable.

Le 14 juin 1846, un millier de personnes, invitées par la compagnie du chemin de fer du Nord, arrivaient de grand matin au clos Saint-Lazare, vaste terrain appartenant autrefois à la congrégation fondée par l'illustre Vincent de Paul, et où se trouve aujourd'hui l'embarcadère. Les rues adjacentes étaient remplies de ces voyageurs, dont le plus grand nombre se pressait, hâletant, un petit portemanteau à la main. Le bagage n'était pas lourd, il ne s'agissait que d'une excursion de quarante-huit heures.

Voici quelques fragments du discours que Mgr GIRAUD, archevêque de Cambrai, prononça à Lille, à l'arrivée de ce convoi et à l'occasion de l'inauguration de ce chemin de fer du Nord ; discours vraiment remarquable par son éloquence évangélique et les heureuses conceptions d'une sage philosophie unies aux vraies principes de l'économie politique.

. . . . . . . . . . . . . . . . . .

« La question des chemins de fer a été étudiée tour à
tour sous toutes ses faces, par les hommes politiques
comme par les hommes de la science. La politique y a
vu un gage de plus de concorde et de paix entre les
nations; le commerce, l'industrie, une voie plus sûre
et plus prompte ouverte au transport des produits, à
l'échange ou l'écoulement des marchandises; l'économie
politique, un moyen de verser d'une contrée à l'autre
le trop plein des productions, et d'élever à un niveau
commun le bien-être de tous les peuples; la philosophie, un véhicule puissant et rapide pour la diffusion
des lumières et la propagation des idées civilisatrices.
La religion a aussi son mot à dire sur cette grave question. Des hommes sincèrement dévoués à sa cause ont
paru craindre pour elle cette impulsion nouvelle donnée
à l'activité humaine, ce contrat universel des esprits et
des idées, comme devant amener l'inévitable résultat
d'un affaiblissement sensible des croyances et des mœurs.
Nous oserons dire à cet égard toute notre pensée; nous
ne partageons pas ces alarmes.

« S'il est en nous une conviction profonde, c'est que
toutes les grandes découvertes qui déplacent les bornes
anciennes et changent les relations connues entre les
hommes ont pour cause première l'action bienfaisante
de la Providence, laquelle, à des époques marquées

par sa sagesse, fait faire un pas à l'humanité vers le terme que lui assignent les desseins éternels. Aussi, voyons-nous presque toujours leur origine se perdre comme dans un nuage mystérieux; en sorte que si l'on demande à l'histoire le nom du premier inventeur, l'histoire hésite ou se tait. C'est le secret de Dieu. Or, la religion, fille du ciel, qu'a-t-elle à redouter des œuvres du ciel? Peut-elle admettre que son auteur se contredira lui-même, en l'exposant à des épreuves plus fortes que sa constitution divine? Sans doute l'action de la vapeur appliquée à nos chars et à nos navires transportera plus vite et plus loin le mal comme le bien, le mensonge comme la vérité. Sans doute, comme les découvertes de l'imprimerie et du Nouveau-Monde, elle élargira le champ de bataille où luttent éternellement le rationalisme et la foi; mais la victoire n'est pas douteuse: car Dieu même y a engagé sa parole, *et la vérité de Dieu demeure à jamais.*

« La lumière arrive à nos yeux par les mêmes milieux que traversent les tonnerres et les orages. En accélérant la marche de ce qu'on appelle les idées nouvelles, on prête aussi des ailes à l'Évangile; la course de l'apôtre ne sera pas moins rapide que celle du libre penseur, et il ne se trouvera peut-être enfin que ces puissantes machines où le savant ne voyait qu'une heureuse découverte du génie; l'économiste, qu'une source nouvelle de prospérités matérielles pour la fortune publique; et le philosophe qui a le malheur de n'être pas chrétien, la perspective du triomphe prochain de la raison pure sur les ruines des vieilles croyances, auront été un instrument dans les mains de Dieu pour étendre le royaume de Jésus-Christ, et unir tous les peuples dans une fraternité universelle, par la communion d'une même foi et d'une même charité.

« Or, à quelle religion l'homme et la société demanderont-ils la satisfaction de ce besoin? Que reste-t-il en dehors, que voyons-nous au-delà et au-dessus de la vérité chrétienne? Attendrons-nous une nouvelle lumière quand nous avons le jour parfait; une nouvelle révélation après une révélation qui les complette toutes et les termine? ou bien, espérerons-nous l'avènement de je ne sais quel nouveau christianisme interprété par les sages, qui deviendraient ainsi les prêtres et les pontifes de l'Eglise transformés? Mais qui ne sait que la religion est quelque chose de sérieux, qu'elle n'exerce un empire véritable sur les esprits et sur les cœurs, qu'autant qu'elle prend son point d'appui dans un principe supérieur à l'homme, et que cette chaîne est impuissante à soutenir la terre, si son premier anneau ne se rattache au ciel?

« Et maintenant, partez, messagers agiles; allez sous la protection de Dieu et sous l'œil de sa providence.

transporter aux quatre vents du ciel les hommes, les marchandises, les idées; faites refluer les trésors de la pensée et les richesses du sol des provinces à la capitale et de la capitale aux provinces, en glissant sur ces voies rapides, pareilles aux veines et aux artères, qui font courir la vie des extrémités au cœur, et du cœur aux dernières fibres de l'organisme. Qu'aucun obstacle n'arrête votre essor, qu'aucun accident funeste n'attriste votre passage.

« N'empruntez à la foudre que recèlent les flancs de vos chaudières que l'impétuosité de ses ailes de feu; franchissez les montagnes, les vallées et les fleuves; étendez vos rameaux de l'une à l'autre mer; ne reculez pas même devant le grand abime; en changeant vos appareils, ouvrez-vous un chemin sur l'océan pour unir les continents, pour rapprocher par les intérêts, par les besoins, par l'amour fraternel, par tous les attraits de la civilisation chrétienne, les membres dispersés de la grande famille humaine, et annoncer à tous la bonne nouvelle qui fut entendue, il y a dix-huit siècles, sur le berceau du Sauveur du monde : « Gloire à Dieu au plus haut des cieux, et paix sur la terre aux hommes de bonne volonté ! »

Puis, si vous en avez encore le loisir, lisez ce fragment d'un petit poème sur la *découverte*

*de la vapeur*, qui a valu à son auteur, M.
Amédée Pommier, le premier prix de poésie
proposé par l'Académie française. C'est une
image du voyage que nous allons faire :   .   .

.   .   .   .   .   .   .   .   .   .   .

La vapeur désormais fait un jeu des voyages.
Plus de ces animaux tout meurtris, tout sanglants,
Dont un fer implacable aiguillonne les flancs;
C'est le feu qu'on attelle; et, dévorant l'espace,
Comme une vision, la caravane passe.
Quoi de plus étonnant que ces monstres d'airain,
Doux comme des coursiers accoutumés au frein,
Ces remorqueurs si prompts, ces machines ardentes,
Aux entrailles de fonte, aux haleines grondantes,
Créatures de l'homme, impétueux dragons,
Sur deux rubans de fer entraînant les wagons?
Rien de tel ne s'offrit à l'Ulysse d'Homère;
Vous le cédez, griffon, minotaure, chimère,
A la locomotive, automate effrayant,
Dressant sa croupe noire et son col de géant.
Elle part : on se sent emporté comme en rêve,
Et la plus longue traite en un clin-d'œil s'achève.
L'impression du temps pour vous n'existe plus;
Quelquefois, vous roulez entre deux hauts talus,
Berges de ce torrent dont vous êtes les ondes;
Plus loin le viaduc, sur des gorges profondes,

S'élève, et, rejoignant deux sommets séparés,
De son pont jette entre eux les arcs démesurés.
Cependant l'horizon aux changeantes peintures,
Les rivières, les bois, le damier des cultures,
Tout fuit en tournoyant ; mais tout-à-coup l'on voit
Sous l'arche d'un tunnel s'engouffrer le convoi.
Entre les deux aspects la différence est grande :
Dans le fond du Tartare il semble qu'on descende :
C'est l'abîme infernal ; c'est son épaisse nuit ;
Un grondement de foudre obstinément vous suit,
Mêlé de sifflement, de fracas, de ferrailles,
Et la terre à grand bruit vous ouvre ses entrailles,
Comme au guerrier-devin qui, dans un sol mouvant,
Se vit avec son char enseveli vivant.
Puis le ciel reparait, et la locomotive,
Tirant son lourd fardeau, fumante, convulsive,
Sort du souterrain noir en triomphe ; on entend
Son souffle saccadé, pénible, intermittent.
C'est comme un être à part, mais qui vit, qui respire,
Et qui, tout hâletant, au but promis aspire.
Tourbillon métallique, elle effleure le sol,
Et l'oiseau seul pourrait égaler par son vol
Cet élan furieux qu'un soin prudent modère
Et qui meurt doucement vers le débarcadère.

Par moments, dans la plaine et non loin du convoi,
Se traîne pesamment quelque antique charroi,
Et le pauvre cheval, qui sans fruit s'évertue,
A l'air de cheminer du pas d'une tortue,

D'aller à reculons comme ces esprits vieux
Qui voudraient retourner au temps de nos aïeux,
Lorsque, pour visiter la ville la plus proche,
On était quinze jours cahoté dans un coche....

Mais la cloche sonne ; la locomotive s'émeut ; hâtons-nous de prendre nos places. Un élan de cœur vers la bonne Providence et vers Marie, la protectrice des voyageurs !.....

Partons.

# ITINÉRAIRE HISTORIQUE

## DU CHEMIN DE FER DU NORD [1].

---

## Montmartre, Saint-Ouen, Saint-Denis [2].

En un clin-d'œil nous avons franchi les murs de Paris, et bientôt après l'enceinte continue de ses fortifications, auxquelles le parisien ne songe plus depuis long-temps. Saluons **Montmartre**, ce

---

[1] Le chemin de fer du Nord avec ses embranchements forme un réseau de 585 kilomètres. — Le chemin de fer du Nord correspond avec l'**Angleterre**, d'une part par *Lille* et *Calais*, et d'autre part par *Amiens* et *Boulogne*; avec la **Hollande** par *Lille* et *Dunkerque*; avec la **Belgique**, les **bords du Rhin** et l'**Allemagne** par *Lille* et *Valenciennes*. — Le réseau non interrompu des railways belges et allemands met le chemin de fer du Nord en relation directe avec **Cologne**, Hambourg, Hanovre, **Berlin**, Stettin, Posen, **Leipsig**, Dresde, Breslau, Cracovie, Varsovie, Prague, **Vienne** et Trieste. (NOTE ADM.)

[2] Toutes les communes dont les noms sont imprimés en ce caractère plus grand, ont une station.

2

nouveau Calvaire où s'est réfugiée la Croix, chassée du Mont-Valérien, et d'où elle plane encore sur la grande ville, foyer de tant de vertus et de tant de vices.

Montmartre, *Mons Martyrum*, a été le théâtre du martyre de saint Denis et de ses compagnons. Quelques historiens veulent que cette colline tire son nom d'un temple de Mars qui y existait auparavant. Ces deux versions peuvent être également vraies.

Comme point militaire, la butte Montmartre a toujours été d'une grande importance dans l'histoire de tous les sièges de Paris, depuis celui des Normands, en 886, jusqu'à celui des armées alliées, en 1814. Henri IV y planta aussi son drapeau, et y habita le Château-rouge, avant de se rendre maître de la capitale. Maintenant ce n'est pas la meilleure compagnie du monde, tant s'en faut, qui se presse et prend ses ébats dans le parc de cet ancien château et le pavillon qui en reste. Sur le sommet de la butte, on voit encore les vestiges d'une abbaye fondée en 1133 par Louis le Gros et la reine Adélaïde, sa femme. Aujourd'hui ce qui reste de ce monument sert de base à un télégraphe : c'est de là que Paris transmet ses ordres et ses nouvelles aux départements du nord de la France.

Nous franchissons **Saint-Ouen**, où les chèvres du Thibet broutent l'herbe de France, et fournissent à la maison Ternaux ces cachemires

aussi précieux et d'un meilleur goût que ceux
de l'Inde. Ces frais ombrages que vous apercevez à gauche appartiennent au parc du château
où Louis XVIII proclama sa charte constitution-
nelle. Nous arrivons à la station de **Saint-
Denis**, qui mérite bien que l'œil s'y arrête un
peu.

Il est impossible d'imaginer un paysage plus
riant, plus gracieux, plus peuplé de souvenirs.
Vous apercevez une grande partie des environs de
la capitale. Derrière vous, sont : Paris, Montmartre, Batignolles, les buttes Saint-Chaumont,
célèbres par la défense de 1814. A gauche, vous
voyez la grande presqu'île, formée par la Seine,
Marly, Saint-Germain, célèbre par la naissance
de Louis XIV et la retraite de Jacques II, qui y
est enterré. Aujourd'hui le palais de ces monarques est une prison militaire. Votre vue embrasse
une foule de côteaux et de villages, et s'arrête
près de vous, à l'**Ile Saint-Denis**, charmant
bouquet de verdure, semé de blanches maisons.
Autrefois cette île était le repaire d'un farouche
seigneur, Bouchard-le-Barbu, qui vivait au onzième siècle, et qui exerçait ses brigandages sur
les terres de l'abbaye Saint-Denis.

Cette célèbre abbaye a été le noyau de la ville
et fondée, vous le savez, par Dagobert, mais de
quelle manière ? Voilà qui est assez curieux, et
ce qui me paraît valoir la peine de vous être
raconté, si vous voulez me prêter votre attention.

Sur l'emplacement de l'antique monastère était jadis un hameau appelé *Catolacum*. Une pieuse dame romaine nommée Catulla y vivait ; ayant acheté des bourreaux les restes de saint Denis et de ses compagnons, saint Rustique et saint Eleuthère, elle leur fit élever un tombeau ; et sur ce tombeau, on bâtit plus tard une chapelle. Chilpéric y fit enterrer un de ses fils. Mais la célébrité de Saint-Denis ne date que de Dagobert.

On rapporte que déjà roi d'une partie de la France, par concession de son père Clotaire II, et brouillé avec lui, Dagobert s'était réfugié dans l'oratoire de Saint-Denis. Là il eut une vision durant laquelle le saint martyr et ses compagnons lui apparurent et lui promirent leur protection, s'il voulait élever en ce lieu un temple magnifique. Dagobert s'y engagea ; dès le lendemain, on vint lui faire des propositions d'accommodement, et le père et le fils se réconcilièrent.

Dagobert ne songea plus qu'à accomplir son vœu et le fit avec une magnificence extraordinaire, dont il ne faut pas lui tenir entièrement compte. Pour enrichir l'église de Saint-Denis, il en dépouilla plusieurs autres, notamment celle de Saint-Hilaire de Poitiers, dont il fit enlever les portes richement sculptées et les fonts baptismaux, consistant en une superbe cuve de porphyre, d'un travail très-remarquable. Saint Eloi, célèbre comme sculpteur et comme orfèvre, et depuis évêque de Noyon, dirigea les constructions de l'église et l'orna de ses admirables ouvrages.

Dagobert établit à Saint-Denis, le *Laus perennis*, ou la psalmodie perpétuelle, c'est-à-dire qu'à chaque heure du jour et de la nuit, des moines y chantaient les louanges de Dieu. Il mit son royaume sous la protection des saints martyrs qu'on invoquait dans la nouvelle abbaye, et il leur donna tant de terres et de villages que, selon Frédégaire, on en était étonné. Il fut le premier roi qui reçut la sépulture dans ce lieu, où trois races de rois ont été ensevelies. On était alors en 638. Son tombeau se trouve à l'entrée de l'église à gauche ; les bas-reliefs en sont bizarres et paraissent d'une époque beaucoup moins ancienne. Le tombeau de Pépin, aussi bienfaiteur de cette église, est en face de celui de Dagobert et à droite de l'entrée. On dit qu'il voulut être enterré là par humilité.

Les limites du temps m'empêchent de vous décrire les autres tombeaux de cette basilique, notamment ceux de Louis xii et d'Anne de Bretagne, de François 1er et Claude de France, d'Henri ii et Catherine de Médicis, dont la magnificence fait long-temps rêver, ainsi que celle de la majestueuse entrée des caveaux, où furent déposées les cendres de nos rois. Ceci, et les autres détails de la superbe église exigeraient un trop long récit, il faut les voir. Je dois dire que c'est ce qui m'a causé le plus d'émotion, entre toutes les merveilles de Paris et des lieux environnants.

Je passe aussi l'histoire de tous les saints et savants abbés qui illustrèrent Saint-Denis. Disons seulement un mot de Suger, ce sage conseiller de Louis le Gros, ce régent de la France durant les croisades de Louis le Jeune, et qui, grace aux libéralités de ces princes, a fait à peu près cette église ce qu'elle est aujourd'hui. Elle fut dévastée pendant la révolution, et les cendres de nos rois jetées au vent par les vandales du dix-huitième siècle. Napoléon a ordonné la restauration de cette riche basilique, et Louis XVIII ainsi que Charles X ont continué son œuvre. Au lieu de religieux, ce sont maintenant des chanoines qui y chantent l'office, répété seulement par l'écho de ces tombes silencieuses; car l'abbaye n'est toujours pas une paroisse, et le vulgaire ne vient pas ordinairement fouler ses dalles de marbre.

De toutes ces beautés, la seule que la marche rapide de notre convoi vous aurait permis de voir, eût été la flèche élancée, indiquant au loin le lieu où sont ensevelies tant de grandeurs humaines. Mais le temps la minait, et la prudence a jugé sa démolition nécessaire. L'extérieur de l'abbaye y a perdu sa plus grande majesté. On parle de reconstruire cette flèche, conception hardie des anciens temps, que l'industrie de notre siècle saura imiter, mais qu'il n'aurait pas créée.

Les bâtiments occupés par les religieux de l'abbaye de Saint-Denis sont occupés aujourd'hui par l'institution royale des orphelines de la Légion d'honneur. Quatre cents pensionnaires dont les parents ont rendu des services à l'Etat y sont gratuitement reçues. On voit encore à Saint-Denis l'ancien couvent des Carmélites, où Mme Louise de France, fille de Louis xv, prit le voile, donnant la préférence à cette maison, parce qu'elle était la plus pauvre de l'ordre. Aujourd'hui l'enclos de ce couvent est une pépinière. L'église rebâtie par la princesse en 1786 est digne d'attention.

Saint-Denis est une ville assez importante et très-manufacturière. On y trouve une bibliothèque communale, précieux reste de celle de l'abbaye, et qui mériterait d'être rendue publique.

La ville de Saint-Denis eut beaucoup à souffrir durant les guerres entre les Anglais et les Bourguignons. Pour réparer ses désastres, Charles vii, Louis xi et Charles viii lui octroyèrent plusieurs faveurs. Elle se ressentit encore des guerres de religion qui agitèrent plus tard le royaume. Les calvinistes s'en rendirent maîtres plusieurs fois, et même s'établirent dans l'abbaye. Elle fut également en butte aux attaques des divers partis, pendant les troubles qui eurent lieu durant la minorité de Louis xiv. Le prince de Condé l'assiégea, et la força de se rendre alors; mais elle rentra bientôt sous l'obéissance du roi. Au temps de la terreur, les furieux qui ne voulaient ni saints ni aucun vestige du passé, changèrent son nom en celui de Franciade.

Il me reste à parler d'un antique usage qu'un historien de Saint-Denis ne peut passer sous silence. Je veux dire la fameuse foire du *Landi*, une des plus célèbres du moyen-âge. Le nom de cette foire vient par corruption du mot latin *Indictum*, qui signifiait un lieu d'assemblée.

Cette foire se tenait dans la plaine Saint-Denis. On en attribue la fondation à Dagobert, d'autres pensent que ce doit être à Charles le Chauve. Le grand concours des fidèles qui venaient témoigner leur dévotion aux reliques du patron de l'abbaye paraît avoir été l'origine de l'*indict* ou *landi*. L'intérêt commercial tira parti de cette circonstance.

Il se vendait à la foire du Landi, une grande quantité de parchemins, et comme c'était alors presque la seule matière sur laquelle on écrivait, l'université de Paris, constituée définitivement au douzième siècle, obtint le privilège d'y choisir le parchemin dont elle pouvait avoir besoin. On rapporte qu'en l'an 1291, une défense fut faite aux parcheminiers en général de se pourvoir de parchemins à la foire du Landi avant que les marchands du roi, de l'évêque de Paris, les maîtres et les écoliers eussent fait leur provision.

Le recteur se rendait à la foire au jour indiqué, suivi d'un certain nombre de régents et d'écoliers.

Ce nombre s'accrut tellement avec le temps, que les écoliers pour qui cette foire était devenue une occasion de fête et de joyeux ébats, y donnèrent de grands scandales. Plusieurs édits successifs restreignirent le nombre de ceux qui devaient accompagner le recteur. Mais beaucoup d'autres venaient à la foire clandestinement et y commettaient une foule de désordres.

Cette fête, qui commençait par une procession, et finissait par de graves abus, est tombée en désuétude ; néanmoins il en subsiste encore un vestige, et la principale foire de Saint-Denis, qui n'a plus aujourd'hui grande importance, s'appelle toujours *le Landi*.

Un millier d'habitants forment la population actuelle de Saint-Denis. J'en ai dit bien long sur cette petite ville ; mais il en est peu sur la route que nous allons parcourir qui soit aussi intéressante par la réunion de tant de précieux souvenirs.

Nous sommes dans la **Vallée de Montmorency**, Eden des parisiens, scène chérie des romanciers, Helvétie en miniature. Comme cette contrée, elle a son lac, ses montagnes, ses châlets, etc. **Enghien**, où s'arrête le convoi, est célèbre par ses eaux minérales ; de l'autre côté du lac est Saint-Gratien qu'habita Catinat.

Voilà la petite ville de **Montmorency** sur le penchant d'un côteau pittoresque, couronné ainsi que les côteaux voisins d'une immense et majestueuse forêt. C'est là que Jean-Jacques Rousseau promenait ses éloquentes et si déplorables rêveries. Une des habitations de cet homme tristement célèbre, est devenue après lui celle du musicien Grétry ; c'était l'*ermitage*, érigé depuis en une demeure somptueuse ; l'autre le *Mont-Louis*, échue au célèbre paysagiste Bidauld, est restée dans sa simplicité primitive, mais on y jouit de la plus belle vue de toute la vallée.

Montmorency, comme tous les pays environnants, abonde en charmantes maisons de campagne. Nous citerons particulièrement celle de M. Jules Desnoyers, qui y a rassemblé avec autant de savoir que de goût, de précieux *specimen* de l'architecture et de la sculpture de toutes les époques du moyen-âge.

Le premier seigneur connu de Montmorency fut ce même Bouchard le Barbu, que ses déprédations firent exiler par le roi Robert de l'île Saint-Denis. Sa race est devenue l'une des plus illustres et la plus ancienne de France. Ces premiers barons chrétiens bâtirent la charmante église qui se voit aujourd'hui ; laquelle, située à mi-côte, montre au loin sa flèche gracieuse.

Montmorency a été autrefois environné de murailles dont on voit encore les restes. Comme Saint-Denis, cette petite ville a eu à souffrir de nos guerres avec les Anglais, au quatorzième siècle.

Plus tard, cette seigneurie fut érigée en duché-

pairie, en faveur du connétable Anne de Montmorency. La disgrace du duc Henri II, décapité
par ordre de Richelieu, fit passer ce domaine
dans la maison de Condé, alliée à la famille de
ce duc. En confirmant cette donation par lettres-
patentes de l'an 1689, Louis XIV changea le nom
de Montmorency en celui d'*Enghien;* mais le premier de ces noms, qui rappelle tant de glorieux
souvenirs, a toujours prévalu, et l'on s'est con-
tenté d'appeler Enghien les maisons neuves qui
se sont élevées au bord du lac, près de la source
des eaux minérales. Ce fut le père Cotte de l'oratoire, curé de Montmorency, qui, dans ses ex-
cursions géologiques, découvrit ces eaux en 1766.
Il est reconnu maintenant qu'elles ont des qualités aussi précieuses que celles qu'on va chercher dans les Pyrénées.

Voici **Eaubonne**, dont l'eau est mauvaise.
Ce fut le lieu de la retraite de Saint-Lambert,
le chantre des Saisons, que l'on surnomma sans
sujet le *sage d'Eaubonne.* Voilà **Saint-Leu-
Taverny,** qu'aimait la reine Hortense, où périt
si malheureusement le dernier des Condés, et
où viennent d'arriver les cendres de l'ex-roi de
Hollande Louis Bonaparte, frère de Napoléon.

Nous n'en finirions pas, s'il fallait passer en
revue tous les souvenirs qui s'attachent à chaque
pas dans cette vallée. Le chemin de fer n'arrête
pas, et nous touchons déjà à Pontoise.

# Pontoise.

Ayant d'arriver à cette ville, distante de sa station d'environ un kilomètre, vous rencontrez les ruines de la célèbre abbaye de **Maubuisson,** fondée par la reine Blanche de Castille, mère de saint Louis, qui voulut y être inhumée. Cette princesse qui mourut en 1252, prit quelques jours avant sa mort l'habit de l'ordre de Cîteaux, et en prononça les vœux entre les mains de l'abbesse de Maubuisson, qu'elle avait fait venir dans ce but à Paris avec toute sa communauté.

Un grand nombre d'autres personnages illustres ont été enterrés dans l'église de Maubuisson : notamment Alphonse, comte de Poitiers, le plus digne des frères de saint Louis. On y remarquait près du grand autel deux tombeaux de marbre noir, contenant les entrailles de Charles le Bel et de Jeanne d'Evreux, sa femme. Long-temps les abbesses de ce monastère s'y firent remarquer par leurs vertus autant que par l'illustration de leur naissance. Mais plus tard le relâchement s'y introduisit, et ce fut vers le milieu du dix-septième siècle que la discipline y fut rétablie.

**Saint-Ouen-l'aumône**, faubourg de Pontoise, avait une célèbre léproserie où se conservait le *bourdon* de saint Louis. Cet hospice, devenu inutile, disparut avec les lépreux.

La ville de **Pontoise,** dont le nom indique

en partie la situation, présente l'aspect le plus pittoresque. Châteaubriand y trouva du rapport avec celui de Jérusalem. Bâtie en partie sur une espèce de falaise ou rocher escarpé, cette ville est moins agréable à parcourir qu'à voir de loin ; les rues en sont étroites, tortueuses et surtout très-montueuses. Son jardin public, par cela même que son terrain est très-inégal, offre un agrément qui ne se rencontre pas dans les promenades régulières. On y jouit d'une vue magnifique qui domine toute la vallée de Montmorency et d'autres lieux.

L'église de Saint-Maclou, située au sommet du rocher sur lequel est construite la ville, a l'air d'une cathédrale. Quoique cette église soit fort ancienne, celle de Notre-Dame de Pontoise l'est plus encore. Mais ayant été détruite pendant un siège que Henri III fit subir à la ville, elle a été si pauvrement reconstruite que sa vue serre le cœur : on croirait entrer dans une cave, et la célèbre Madone qui, en 1338, préserva la ville de la peste, est placée sous le portail, dans un coin, et entourée d'ornements du plus mauvais goût. Les âmes pieuses de Pontoise et des pays environnants devraient bien faire quelque dépense en faveur de cette église.

Pontoise fut prise et reprise plusieurs fois ; en 815 par les Normands, en 1419 et 1437 par les Anglais, en 1442 par Charles VII, en 1589 par Henri IV.

Je vous épargne le détail des guerres dont cette capitale du Vexin français fut le théâtre; nous n'avons pas le temps de suivre un cours régulier d'histoire. Je vous dirai seulement que saint Louis affectionnait le séjour de Pontoise, et que plusieurs de ses actes sont datés de cette ville. C'est là qu'il fit cette longue et cruelle maladie qui faillit le ravir à l'amour de ses sujets, et pendant laquelle il fit vœu de se croiser. Pontoise dût à la sollicitude de ce roi une amélioration bien importante : cette ville, par sa position élevée, se trouvait privée d'eau, ce qui était un grave inconvénient en cas de siége ; saint Louis fit construire à une demi-lieue de Pontoise, une digue qui, traversant les fossés et les remparts de la ville, détourne le cours de la Viosne et l'amène dans la place.

## Vallée de l'Oise,

## l'Ile Adam, Beaumont, Creil, etc.

A peu de distance de Pontoise, le chemin de fer, décrivant une courbe, traverse la rivière sur un pont de trois arches de la plus grande élégance, et entre en plein dans la délicieuse **Vallée de l'Oise**. D'abord vous rencontrez le village d'**Auvers**, dans une riante situation, sur une colline au bord de l'Oise. Sa principale rue a plus d'une lieue de longueur, et va rejoindre **l'Ile Adam**, bourg important qui tire

son nom de celui d'un de ses anciens seigneurs.
Cet Adam habitait un véritable paradis terrestre.
La situation de ce lieu est des plus délicieuses :
deux îles vertes, auxquelles l'Oise, fort large en
cet endroit, forme un enchâssement argenté, le
tout couronné d'une magnifique forêt qui est la
continuation de celle de Montmorency, en font
une retraite privilégiée par la nature, et qu'elle
seule embellit, car aucun monument remarquable de l'art ne s'y rencontre.

Nous continuons de cotoyer l'Oise, et nous
arrivons bientôt à **Beaumont.** Vu du chemin
de fer, l'aspect de cette ville est agréable; elle
se présente en amphithéâtre sur la croupe d'une
montagne qui baigne son pied dans la rivière,
très-large en cet endroit. On voit à Beaumont
plusieurs ruines féodales. Cette ville avait plus
d'importance au temps du moyen-âge, qu'elle
n'en a aujourd'hui.

Passons devant **Bruyères, Boran** et son
château flanqué de tourelles; **Précy, Villiers
et Saint-Leu d'Esseran,** dont l'église qu'on
aperçoit est un précieux monument de l'époque
de transition du style roman au gothique, et où
se trouvent des carrières qui fournissent à Paris
les belles pierres dites de St-Leu. Avant d'arriver
à **Creil** on rencontre **Montataire,** célèbre par
ses usines. Vous voyez dans celle de M. Mertian,
qui occupe six cents ouvriers, le fer en fusion,
qui vous donne une idée du volcan ou des forges

de l'Etna. Les anciennes fortifications et la grandeur du cimetière de la ville prouvent qu'elle
était plus considérable autrefois. On assure que
c'est dans son église que Pierre l'Ermite fit ses
premiers sermons pour exciter à la croisade.

Creil, petite ville bâtie au pied d'une colline
assez élevée, sur la rive gauche de l'Oise, a été
aussi jadis une cité importante ; mais elle est
également déchue de son ancienne splendeur. Il
reste encore quelques pans des murailles du vieux
château, qui fut une maison de plaisance de nos
rois. Là fut renfermé l'infortuné Charles VI, durant sa démence. Victime des guerres que cette
démence du monarque avait amenées sur la
France, Creil tomba au pouvoir des Anglais en
1441. Charles VII vint en personne pour reprendre la ville ; le siège dura plusieurs mois ; il fut
acharné de part et d'autre, et les pertes que le
roi de France y éprouva furent considérables.

L'aspect de la ville est triste ; elle consiste en
une seule rue tortueuse, étroite et sombre, faisant
partie de la grand'route de Paris à Amiens. Cette
rue aboutit à un pont jeté sur les deux bras de
l'Oise, qui forment une île devant la ville. Dans
cette île se trouvent les restes de l'abbaye de
Saint-Evremont, dont les calvinistes ont brûlé les
reliques, sauf la tête du saint que l'on a sauvée.
Là encore on voit la célèbre manufacture de
faïence dont les produits sont si connus. C'est des
environs de Creil, près du village d'Aumont, que

la manufacture de Saint-Gobain tire le sable blanc employé à la fabrication des glaces.

Depuis le mois d'octobre 1847, un embranchement du chemin de fer, partant de Creil, est destiné à joindre Saint-Quentin. C'est une chose bien importante pour le commerce que l'ouverture de ce nouveau moyen de communication avec cette ville manufacturière.

## DE CREIL A CLERMONT.

Revenons à Creil, et traversons le joli village de **Nogent-les-Vierges,** ainsi nommé, dit une légende, de deux sœurs, princesses d'Albion, qui, voyageant par esprit de piété, furent attaquées près de là, et préférèrent la mort à la perte de leur honneur. Leurs corps furent transportés à Nogent, qui devint un lieu de pèlerinage fort célèbre. On y accourt de vingt lieues à la ronde.

Il y a sur Nogent-les-Vierges une autre légende, qui peut-être se rattache à la première dont elle serait la suite. On raconte que la reine Bathilde voulant faire conduire les corps de sainte Maure et sainte Brigitte à l'abbaye de Chelles, le char sur lequel on les avait placées s'arrêta tout-à-coup au carrefour de Nogent; il fut impossible de le faire avancer; on attendit que Dieu manifestât sa volonté, et les chevaux, abandonnés à eux-mêmes, se dirigèrent vers l'église, dont les cloches se mirent à sonner d'elles-mêmes. Cette église, ra-

vissante construction byzantine, dont le chœur a
été réédifié par saint Louis, mérite d'être classée
parmi nos monuments historiques. On a pris des
mesures pour en assurer la conservation.

Ce qui doit encore attirer ici l'attention du voyageur, c'est l'habitation que M. Houbigant, anti-
quaire distingué, s'est construite avec les restes
du château de Sarcus, dont il a groupé, avec autant d'art que de goût, les précieux vestiges.

La locomotive et son attelage poursuivent leur
route à travers de délicieuses campagnes ; mais
le seul lieu important qui vaille la peine d'être
cité, depuis Nogent jusqu'à Clermont, est le
village de **Liancourt**.

Le château de Liancourt était encore, dans le
siècle dernier, une des plus belles maisons de plaisance des environs de Paris. Les jardins n'avaient
pas moins de magnificence. Tout y respirait un
goût mythologique et voluptueux. Le célèbre phi-
lanthrope qui a le plus récemment illustré le nom
de Larochefoucauld-Liancourt, a changé la destination de cette propriété. Il y appela des ouvriers,
y établit des manufactures de bas à la manière
anglaise, des métiers de filature de coton, et ce
séjour du luxe et de l'opulence fut transformé en
de vastes ateliers d'industrie. Le silence qui ré-
gnait dans les corridors du château et dans les
allées du parc où l'on apercevait encore quelques
statues de dieux et de déesses, fit place au bruit
des mécaniques, au chant joyeux des travailleurs,

et aux fêtes populaires qui y furent instituées.

M. de Liancourt fit abattre la façade , une aile du château , les cours , et ne conserva de ce vaste bâtiment , que la partie qui contient la bibliothèque.

« Le parc est abattu , disait Cambry [1]. Retiré dans un pavillon qui n'a qu'un rez-de-chaussée et un seul étage, le propriétaire , fermier, cultivateur , manufacturier , de Liancourt , réalise , exécute toutes les conceptions que ses lectures , ses voyages et la fréquentation des hommes ont pu lui inspirer. Il perfectionne toutes les espèces de culture, soigne les plus belles races d'animaux, et répand chez tous ses voisins les procédés de la nouvelle agriculture ; il leur inspire pour leur état l'amour qu'il éprouve lui-même, les aide de ses conseils, de ses moyens, de ses exemples , et réalise tout ce que nous nous promettons de l'établissement des grandes fermes expérimentales.

» Si chaque canton de la France possédait un homme aussi tourmenté de l'amour du bien, faisant pour l'opérer d'aussi grands sacrifices , la terre de France, aidée dans sa fécondité naturelle par tous les moyens de l'industrie , effacerait bientôt les récits vrais, quoique étonnants , de la prospérité de l'agriculture en Angleterre. »

Pendant la révolution , M. de Liancourt ne dut la conservation de sa fortune qu'au prytanée qu'on avait placé dans son château , et qui fut

[1] Description du département de l'Oise.

transporté quelque temps après à Compiègne.

L'église de Liancourt mérite aussi d'attirer l'attention du voyageur. Construite en 1578, par Charles du Plessis, seigneur de Liancourt, et par sa femme, Antoinette de Pons, elle est richement ornée. Le tombeau des fondateurs avec leurs effigies en marbre existe encore auprès du chœur.

# Clermont.

**Clermont** est un nid d'aigle bâti sur un roc. Son origine certaine remonte au dixième siècle. C'était d'abord une forteresse construite pour résister aux incursions des Normands, et autour de laquelle vinrent se grouper ceux qui avaient besoin de protection. Cette ville fut érigée en comté l'an 1054. Philippe-Auguste la réunit au domaine de la couronne, et en fit don ensuite à Philippe, son fils et celui d'Agnès de Méranie. La race de ce prince s'étant bientôt éteinte dans la personne de Jeanne, sa fille, veuve de Gauthier ou Gaucher de Châtillon, qui périt en Egypte à la triste journée de la Massoure, ce comté revint encore une fois à la couronne, et saint Louis en forma l'apanage de son sixième fils Robert, chef de la maison de Bourbon, par son mariage avec Béatrix de Bourgogne, fille et héritière d'Agnès dame de Bourbon.

L'histoire de Clermont est hérissée de sièges. Combien de fois cette ville ne fut-elle pas prise, reprise, brûlée, vendue. Le comte de Flandre essaya vainement de s'en emparer sous Philippe-Auguste ; au temps de la Jacquerie (1358), le captal de Buch réussit à s'en rendre maître, et leva des contributions extraordinaires dans tout le pays. Les Anglais, les Bourguignons, les Armagnacs, se l'arrachèrent tour-à-tour, non sans la faire beaucoup souffrir. En 1437 elle fut rendue aux Anglais pour payer la rançon du valeureux Lahire, traîtreusement enlevé pendant qu'il jouait à la paume à Beauvais.

Après que les Anglais furent expulsés de notre territoire, le comté de Clermont retourna encore à la couronne. En 1569, Charles ix ayant besoin d'argent, le céda au duc de Brunswick, pour une somme de trois cent soixante mille livres. Trente ans après, la duchesse de Brunswick le vendit au duc de Lorraine, et avec ce duché cette ville fut de nouveau réunie à la France.

Ce n'est pas tout : en 1615 le prince de Condé, alors rebelle, se retira à Clermont, et y garnit le château de troupes dévouées à sa fortune.

Pauvre ville ! que de vicissitudes ! Aujourd'hui elle est en voie de prospérité : ses rues, quoique montueuses, s'élargissent et s'alignent. De l'ancien château il ne reste plus qu'un donjon en ruine ; on a construit sur son emplacement la maison centrale de détention pour les femmes. Une magnifique promenade, le Châtellier, entoure cet édifice. On y jouit d'une vue très-étendue. L'église de Clermont et son hôtel-de-ville méritent d'être visités. La porte Nointel, une des poternes de l'ancienne forteresse, attire aussi l'attention des archéologues. La statue du savant Matthieu de Dombasle orne le local récemment bâti par les habitants de Clermont pour la société d'agriculture.

## DE CLERMONT A AMIENS.

Nous allons entrer en Picardie, et quitter cette charmante Ile-de-France, si riche en souvenirs de notre histoire, que nous n'avons pu toucher que du bout du doigt, tant nous sommes forcés d'avancer vite.

Nous perdons sous le rapport de la beauté des paysages. De riant qu'il était, le pays ne devient pas, il est vrai, aride ; mais les arbres et les habitations y sont plus rares. De grandes cultures courent jusqu'à l'horizon. Point de châteaux sur les mamelons, rappelant les vieilles histoires de la féodalité ; çà et là des fermes silencieuses, et beaucoup de marais d'où vient la tourbe, ce charbon des pauvres gens. C'est à compter de Clermont que se trouvent les plus grands travaux de terrassement du chemin de fer, et à partir de ce point où il a fallu littéralement trancher les montagnes, combler les vallées ; nulle part la voie n'est à la hauteur naturelle du sol, et l'on ne sort d'une tranchée que pour entrer sur un remblai.

Ce sont sans doute les nombreuses tourbières répandues dans ce pays, qui ont fait donner à un village le nom de **Saint-Remy-en-l'eau**. On arrive ensuite au bourg de **Saint-Just-en-Chaussée**, dont le surnom indique la position sur une grande route, celle de Paris à Dunkerque.

Ce bourg fort ancien est traversé par la voie romaine, appelée la chaussée de Brunehaut. Saint Just, martyr au commencement du cinquième siècle, lui a donné son nom. On voit encore quelques vestiges de fossés et de murs qui font supposer qu'autrefois c'était une ville de quelque importance. Dans le voisinage, on trouve des tombeaux, des médailles gauloises et romaines qui confirment son ancienneté. Mais cette ville a eu tant à souffrir des invasions des Normands, et puis des Bourguignons et des Anglais, qu'elle n'a jamais pu se relever complètement. Avant la révolution, on y voyait un couvent de Prémontrés, et un autre de Cordelières ; ces religieuses étaient au nombre de six, et la plus jeune avait soixante-quinze ans quand, ne pouvant plus soutenir leur maison, elles furent obligées de se réunir à un autre couvent de leur ordre.

Un historien du siècle dernier [1] dit que ce pays avait conservé beaucoup des coutumes des temps antiques. La naissance d'un enfant y était une

[1] Cambry.

occasion de réunions solennelles. Les vieilles femmes y racontaient les faits et les gestes de ses ancêtres, et dans ces histoires le merveilleux l'emportait ordinairement sur le vraisemblable. A l'instar des fées, ces femmes consultaient le sort de l'enfant, et se piquaient de prédire ses qualités physiques et morales.

Les cérémonies du mariage s'y concluaient d'une manière bien édifiante ; la mariée, vêtue de noir, comme si elle eût porté le deuil de sa liberté, était conduite à l'autel par son parrain (*père en Dieu, comme disent les Anglais*), et pendant que les parents et amis se livraient au plaisir de cette réunion de famille, la nouvelle épouse demeurait en prières au pied de l'autel, jusqu'à ce que le plus proche parent de son mari vînt la chercher pour la conduire dans la chambre nuptiale.

Je ne sais si ces coutumes sont encore en vogue aujourd'hui à Saint-Just ; mais quand cela serait, le niveau de la civilisation, passant là avec le chemin de fer, doit sans doute les détruire en échange d'autres avantages. Reste à savoir si ce sera gagner ou perdre.

Plus on avance, plus le pays devient désert, plus les villages sont clair-semés ; la locomotive va moins vite, elle monte de rampe en rampe, jusqu'à **Quincampoix,** sans avoir aperçu d'autre village que celui de **Flainval.**

Nous voici au point le plus élevé de tout le

chemin de fer du Nord ; du bassin de l'Oise , nous passons à celui de la Somme. Le chemin décrit une courbe , en passant devant **Gannes** et **Chépoix,** et nous sommes bientôt à l'importante station de Breteuil.

# **Breteuil**.

**Breteuil** est à huit kilomètres de la station qui porte son nom. Cette ville semble appelée à un grand développement, que sa situation près du chemin de fer ne pourra qu'accélérer. On y fait des constructions considérables ; et ce lieu , jusqu'à présent peu fréquenté, deviendra bientôt le centre d'une nombreuse population. Les environs de Breteuil sont dignes d'attention. On y voit les ruines d'une ancienne abbaye de bénédictins , fondée au onzième siècle, et rebâtie au quatorzième , dont les constructions qui restent portent le caractère ; on peut y admirer surtout une salle à ogives et nervures, du travail le plus précieux, que l'on croit avoir servi de réfectoire. On doit aussi visiter la petite chapelle romaine de Saint-Cyr, située près de la ville. Ses chapiteaux , ornés de sculptures bizarres, offrent un sujet d'études aux archéologues.

Au hameau de **Bacouel** , voisin de Breteuil, il existe une petite chapelle dédiée à saint Eloi ; elle est le but d'un pèlerinage assez singulier. Lors de la fête de ce saint, on y amène des environs, et même des cantons les plus éloignés, un grand nombre de chevaux; et comme ils ne peuvent entrer dans la chapelle, on les promène trois fois à l'entour, pour obtenir qu'ils soient préservés de toute maladie. Cette chapelle, récemment restaurée, ne date que du siècle dernier. Elle n'a de remarquable qu'un fer à cheval, sormontée d'une croix au-dessus de la porte d'entrée.

Encore une colonie agricole, celle de **Mesnil-St-Firmin,** qui se trouve à droite de la voie, mais que l'escarpement de la montagne dérobe à notre vue. M. Bazin, homme dévoué au bien-être de l'humanité, en est propriétaire; les peines qu'il se donne, l'industrie qu'il déploie dans l'exploitation de cette belle terre, méritent à ce lieu quelque célébrité.

## Folleville.

Vous passez devant **Tartigny** et **Paillart;** bientôt le hameau de **Folleville** se découvre sur une montagne, à droite du chemin; il est peu considérable. Mais le château de Beauvoir, qui en dépend, est un des monuments de France qui se présentent avec le plus d'élégance, de grandeur, de majesté, et en même temps de singularité. On y pénètre par un pont de deux arcades, situé sur des fossés profonds, aujourd'hui convertis en vergers; du point où est situé ce château, on jouit d'une vue magnifique ; c'est là l'origine de son nom.

L'église de Folleville est remarquable par le tombeau de Raoul de Launay, monument extrêmement riche en marbre blanc, surchargé d'ornements, de légendes et de cartouches ; les armes du seigneur sont soutenues par des anges fondant en larmes. Cette tombe est entourée d'une espèce de cadre, sur lequel sont sculptées, dans le meilleur style, une vigne et des branches de chênes ornées de glands. La grotte, assez profonde, dans laquelle est placé ce beau tombeau, est pavée de pierres si délicatement travaillées qu'elles donnent l'idée de ces filigranes qui nous viennent d'Inde ou de la Chine ; tout est guirlande, pendentifs ornés de statuettes, au milieu desquels figurent dans différentes attitudes le diable et plusieurs saints. Deux grands tableaux en relief sont exécutés l'un à la tête, l'autre au pied de ce riche monument : le premier représente la Vierge et Jésus-Christ mort sur ses genoux ; dans l'autre, un soldat livre à la fille d'Hérodias la tête de saint Jean, auquel il vient de donner la mort.

L'église de Folleville fournirait encore au dessinateur d'autres beaux détails de sculpture, et de jolis vitraux, dans lesquels on remarque surtout la Passion de Jésus-Christ. La Vierge, que la douleur affaisse et fait tomber, est digne des meilleurs maîtres. On y remarque encore les fonts baptismaux en marbre blanc, d'un travail achevé. Vous qui portez sur vous un porte-feuille et des crayons, vous qui vous livrez à la noble étude des arts, faites une halte à l'église et au château de Folleville.

## Ailly-sur-Noye.

Le pays redevient accidenté. La belle forêt de la Faloise domine une colline fort élevée ; le voyageur voit à ses pieds une fraîche et verdoyante vallée, où se trouve un joli ruisseau serpentant parmi les ombrages. Vous n'avez pas trop de toute votre attention, car la scène change vite. Voici une autre côte, au sommet de laquelle est situé le petit hameau d'Epagny. Vous apercevez quelques usines. Une papeterie vous annonce l'approche d'**Ailly - sur - Noye ;** vous traversez ce bourg, élevé sur la croupe d'une colline, par une tranchée pratiquée litéralement au milieu ; vous passez sous deux ponts qui en joignent les deux côtés, et desquels la foule des curieux vous regarde passer. Ils ne sont pas fâchés de cette entaille faite à leur sol, car ils y trouvent des dédommagements, et l'importance d'Ailly ne pourra que s'accroître du passage de la voie de fer, qui y a une station.

L'église d'Ailly renferme une tombe digne d'être citée : c'est celle de Jean de Hautbourdin et de Jacqueline de la Trémouille, sa femme. Jean de Hautbourdin, qui vivait au quinzième siècle, était lieutenant-général, conseiller, chambellan du duc de Bourgogne et bailli de la ville de St-Pol; c'était un des plus braves seigneurs de son temps. Le vandalisme révolutionnaire a mutilé les statues des nobles époux, couchés sur leur tombe.

# Boves.

Nous approchons d'Amiens; les villages se multiplient. Voici entr'autres celui de **Dommartin**, avec ses papeteries, et bientôt celui de **Boves**, dominé par les ruines de son ancien château, deux pans de donjons encore fiers de leur splendeur passée. On dit bien des choses sur ce château, qui est d'une haute antiquité. L'enchanteur Mangis, cousin de Renaud de Montauban, héros de l'Arioste, y est né, dit une vieille chronique. Mais ce manoir, connu depuis le neuvième siècle, a aussi une illustration moins suspecte. Il fut assiégé et pris par Philippe-Auguste en 1185, et ruiné en partie par le duc de Bedfort en 1453. Henri IV le fréquenta souvent et se donnait le plaisir de la chasse dans la forêt voisine. Cette forêt est également riche en souvenirs. Les druides y cueillaient le gui du chêne, au retour de l'an neuf, et y accomplissaient les sanglants sacrifices, dont le christianisme a affranchi la contrée. C'est là que, plus tard, vécut la vierge sainte Ulphe : retirée dans une humble cellule, elle y était singulièrement incommodée par les grenouilles dont les marais voisins sont infestés, et qui venaient troubler la tranquillité de sa solitude. Le bruit qu'elles faisaient alla jusqu'à priver Ulphe de recevoir la visite de saint Domice, prêtre, chanoine de Notre-Dame d'Amiens, qu'elle n'entendit pas frapper à sa porte. Alors, elle pria le Ciel de la délivrer de ce fléau ; et le Ciel permit, dit la légende, que depuis ce temps les grenouilles cessassent de coasser aux environs de cet ermitage.

On remarquait encore dans la forêt de Boves un hêtre d'une si grande dimension qu'un escadron, dit-on, pouvait s'abriter sous son ombrage. Le temps et la foudre l'avaient respecté ; la main de l'homme l'a frappé par spéculation.

Au temps que le vin de Suresnes était en faveur, Boves avait aussi ses vignobles. Le roi d'Angleterre, Henri v, vint à Boves en 1515, et y trouva *foison de vins dans les pressoirs dont les Anglais burent beaucoup.* Alors, comme aujourd'hui, et malgré la prévention nationale, ces insulaires préféraient au séjour de leur patrie celui du doux pays de France. L'histoire des lieux que nous parcourons, témoigne partout des efforts qu'ils ont faits pour s'y établir.

De Boves à Amiens, les collines s'affaissent, le pays est plus découvert, et le terrain est plus plat ;

mais les ingénieurs du chemin de fer y ont eu néanmoins de grandes difficultés à vaincre. Le sol sur lequel il est établi est une succession continuelle de tourbières, sur lesquelles on aurait cru impossible de trouver un fond résistant. Que ne peut la science aidée de l'industrie humaine ! Après d'énormes travaux, on est enfin parvenu à conquérir sur ce terrain mouvant l'espace nécessaire à l'établissement de la voie ferrée.

# Amiens.

Que de choses à dire sur **Amiens !** Je vais d'abord vous esquisser son histoire, je vous conduirai ensuite visiter ses monuments :

La fondation d'Amiens se perd dans la nuit des temps. Elle fut appelée *Somarobriva*, et plus tard, *Ambianum,* capitale des Ambiani, d'où est dérivé son nom actuel. Jules César y tint l'assemblée des Gaulois et y plaça trois légions romaines. Antonin et Marc-Aurèle l'embellirent, et dès lors elle fut considérée comme une des cités les plus opulentes de la Gaule-Belgique.

Maxence s'empara d'Amiens en 312, et en fut peu après chassé par Constantin. Valentinien y fit reconnaître auguste son fils Gratien, en 367. Les Gépides, les Alains, les Vandales et les Francs s'en emparèrent successivement. Clodion le Chevelu y établit sa résidence. Mérovée y fut proclamé roi et élevé sur un bouclier, suivant la coutume de son temps. Pendant le règne de ce monarque, le féroce Attila, surnommé *le fléau de Dieu*, porta la dévastation dans Amiens. Le roi Childéric en fut chassé à la suite d'une émeute. Les Normands, autre fléau dont le Ciel affligea la France au neuvième siècle, brûlèrent trois fois cette malheureuse ville.

D'autres siècles amenèrent de nouvelles calamités. Les plus funestes ne sont pas celles qui ne s'attaquent qu'à la vie et aux biens temporels. Au treizième siècle, les pastoureaux, bergers et laboureurs insurgés, sous la conduite de Jacques ou Jacob, surnommé le maître de Hongrie, vinrent à Amiens au nombre de 30,000, y firent beaucoup de prosélytes. Leur chef, moine apostat, qu'on prenait pour un homme de Dieu, tira tout ce qu'il voulut des habitants. « S'estant encore accrus, dit Tillemont, en courant le pays, jusqu'au nombre de 50,000; ils entreprirent de faire et de rompre des mariages à leur fantaisie. Ils marioient des gens malgré eux, confessoient et donnoient l'absolution des peschez, bénissoient l'eau comme les évesques, donnoient la croix et l'ostoient comme il leur plaisoit; et leurs chefs qui, n'estant au plus que laïques, usurpoient le ministère de la parole, preschoient des choses visiblement opposées à la règle de la foy : et si quelqu'un vouloit s'opposer à eux, ils luy répondoient, non par des autoritez et des raisons, mais par des coups et des blessures. » Les imposteurs de tous les temps procèdent toujours à peu près de la même manière. Ceux-ci, enhardis par l'impunité que leur faisait espérer l'absence du roi saint Louis, commirent des désordres encore plus graves, et la reine Blanche, alors régente, en ayant été informée, voulut qu'ils fussent excommuniés et punis. Les censures ecclésiastiques, si puissantes à cette époque sur l'esprit des peuples, firent bientôt tomber en discrédit ces pastoureaux, qui furent obligés de se disperser. Leurs chefs périrent misérablement, et les dupes qu'ils avaient entraînées retournèrent à leurs moutons et au bercail de l'Eglise.

Saint Louis et Henri d'Angleterre, Philippe le Hardi et Edouard firent à Amiens des traités de paix. Après l'assassinat du duc d'Orléans, le duc de Bourgogne, Jean sans Peur y vint braver ses adversaires. Les Amiénois lui témoignèrent leur dévouement en prenant la croix de Saint-André en 1411. Henri v, roi d'Angleterre et *prétendant* de France, séjourna dans cette ville avec la reine Catherine de France, sa femme. Ils y menèrent joyeuse vie. Le fatal traité d'alliance qui faillit livrer la France aux Anglais, fut signé dans Amiens en 1423, entre le duc de Bedford, Philippe le Bon, duc de Bourgogne, et Jean, duc de Bretagne. Charles vii et Louis xi visitèrent Amiens ; ce dernier l'appelait sa petite Venise.

François 1er et le cardinal Wolsey, ministre de Henri viii, signèrent un traité de paix dans Amiens en 1527. Sous le même règne et sous celui d'Henri ii, Amiens, assiégée par les impériaux, sut leur résister avec vigueur. Plus tard, ses habitants, entraînés par l'exemple des villes voisines, embrassèrent avec ardeur le parti de la ligue, mais ne tardèrent pas à se soumettre à Henri iv. Quelque temps après, ce monarque ayant déclaré la guerre à Philippe ii, roi d'Espagne, Amiens tomba au pouvoir des Espagnols, qui s'en rendirent maîtres par un stratagème assez singulier. Déguisés en paysans, quelques-uns d'entre eux feignirent de vouloir introduire un sac de noix dans la ville, et l'ayant délié, ils laissèrent répandre ces noix sous la porte. Pendant que la garde s'amusait à les ramasser, les Espagnols se précipitèrent sur elle, et entrèrent dans la ville. Henri iv ne recouvra Amiens qu'après un siège long et coûteux, mais il s'y couvrit de gloire.

Enfin, un dernier traité de paix fut signé dans Amiens qui en avait tant vu, ainsi que tant de guerres! Ce traité eut lieu le 6 germinal an vi, entre la France, l'Angleterre, l'Espagne et la République Batave.

L'histoire ecclésiastique d'Amiens a aussi beaucoup d'intérêt. Le christianisme y fut introduit en 301 par saint Firmin, qui en fut le premier évêque. Depuis ce temps quatre-vingt-quatre pré-

lats ont occupé le siège épiscopal de cette ville.
C'est dans son sein qu'est né le fameux Pierre
l'ermite, dont les prédications ont entrainé en
Palestine toute une génération d'hommes.

Aujourd'hui, quoique l'ancienne capitale de
Clodion ne soit plus qu'un chef-lieu de département, elle n'en est pas moins une très-belle
ville, et sans nul doute incomparablement plus
riche en monuments qu'elle ne l'était alors. Sa
cathédrale les prime tous et mérite une attention
toute particulière. C'est l'un des plus beaux monuments de France. Tout y est grandiose, sublime, magnifique et d'un aspect imposant. On
se sent pénétré d'une grande idée de la Divinité,
en contemplant ce monument dédié par la foi et
la piété, conçu par le génie, exécuté par ce zèle
patient qui ne travaille pas pour soi-même, mais
pour Dieu et la postérité.

Ce magnifique édifice, construit en remplacement de l'antique basilique que la foudre avait
consumée, a été commencé en 1220, par les soins
d'Evrard de Fouilloy, quarante-cinquième évêque
d'Amiens, qui en posa la première pierre. Robert
de Luzarches, l'un des principaux architectes
de cette époque, en fournit les dessins; mais ni
lui ni le pieux fondateur ne virent achever
leur œuvre. Plusieurs évêques la continuèrent.
Soixante-huit ans après, la cathédrale était
terminée, sauf les tours qui flanquent le portail
et qui ne furent achevées qu'en 1390, c'est-à-

dire, cent soixante-dix ans après sa fondation.

L'unité est une des grandes beautés de cet édifice ; la délicatesse des détails concourt avec la majesté de l'ensemble à le rendre une des plus surprenantes productions du moyen-âge, dont aucune de nos constructions modernes, malgré toute leur splendeur, ne saurait approcher.

La foudre en ayant détruit le clocher en 1258, il a fallu construire une autre flèche, terminée en 1533. C'est donc proprement à dater de cette époque que la cathédrale est ce que nous la voyons aujourd'hui. Plus de trois siècles ont été consacrés à l'édifier et à l'embellir ; une foule de personnes de tout âge, de tout sexe, de tout rang venaient travailler gratuitement au saint temple ; nul n'était content s'il n'y apportait sa pierre ; on croyait avec raison s'honorer en con-tribuant à élever un temple au Seigneur, et l'on pensait se fonder ainsi une demeure dans le Ciel.

Un livre entier suffirait à peine à décrire cette merveille des arts ; il faut nous contenter de dire un mot de son ensemble. Le plan est d'une simplicité admirable. C'est une croix latine, avec double rang de bas côtés bordés de chapelles, et séparés par cent vingt-six pilliers supportant les ogives des voûtes. Elle a cent trente-quatre mètres, quatre-vingt centimètres de longueur dans œuvre, trente-deux mètres, soixante-six centimètres de largeur, et quarante-deux mètres, quatre-vingt-huit centimètres de hauteur. La flèche est haute de soixante-cinq mètres, trente-six centimètres, et a vingt-trois mètres, trente-sept centimètres de circonférence; quoique élégante, elle n'est pas en rapport avec le reste de l'édifice; il faut se rappeler qu'elle a été construite trois cents ans plus tard. La hauteur totale de la cathédrale, depuis le pavé jusqu'au coq qui surmonte la croix de la flèche, est de cent treize mètres, soixante-dix centimètres.

La façade présente une masse légère, flanquée de deux tours quadrangulaires, décorées, ainsi que les trois porches qui en divisent le bas, des ornements les plus riches et les plus variés du style gothique. Parmi les bas-reliefs de ces porches, on distingue le jugement dernier; les vertus et les vices mis en opposition; les quatre saisons et les douze mois de l'année, figurés par la représentation des travaux agricoles, auxquels on a coutume de se livrer pendant chacun de ces mois; les mages conduits par l'étoile et voyageant en bateau : le massacre des Innocents, la fuite en Egypte, etc.

La flèche, de forme octogone dans le bas, est en bois de chêne et de châtaignier. Quatre poutres posées sur les quatre principaux piliers de la croisée, soutiennent en l'air cette flèche légère, qui cède à l'action des vents et se remet elle-même d'aplomb. Le pourtour de l'édifice est entouré de galeries à jour, d'où l'on découvre le panorama d'Amiens et des environs.

Autour de la nef et du chœur règne une galerie intérieure ornée de sculptures et de petites colonnes en faisceaux, d'une délicatesse exquise. De magnifiques vitraux peints projettent leurs mystérieux rayons dans l'intérieur. La boiserie des orgues est extrêmement remarquable, ainsi que la chaire dorée que supportent les vertus théologales. La magnifique dentelle des stalles du chœur, la gloire et ses riches décorations, et surtout le génie funèbre connu sous le nom d'*enfant pleureur,* sont dignes d'attirer l'attention et l'admiration des visiteurs.

Les reliques de saint Firmin, premier évêque d'Amiens, sont conservées dans cette église. C'est aussi là que reposent les évêques Evrard de Fouilloy et Geoffroy d'Eu, ses principaux fondateurs; le cardinal Jean Delagrange, surintendant des finances de Charles v, et nonce du pape Innocent vi; le chanoine De la Morlière, auteur des *Antiquités d'Amiens*; le poète Gresset, et le colonel espagnol Hernando Tello, qui prit Amiens par surprise, comme nous l'avons dit plus haut.

C'est dans l'enceinte de cette antique cathédrale que Philippe-Auguste épousa Ingelburge de Danemarck, que, sans motif connu, il ne tarda pas à accabler de son mépris. Cette malheureuse reine, après de longues années de souffrances, dût à sa fermeté, à la protection de l'Eglise et à l'interdit lancé sur la France, la tardive justice d'une réunion qui, on a lieu de le craindre, ne fut jamais que plâtrée. Agnès de Méranie, sa rivale, mourut de chagrin.

Dans ces murs, saint Louis, aussi grand roi que grand saint, eut la gloire de terminer la fameuse querelle d'Henri III d'Angleterre et de ses barons, qui l'avaient choisi pour arbitre.

C'est là aussi que Philippe de Valois reçut l'hommage d'Edouard III, roi d'Angleterre, son vassal, pour les terres qu'il tenait en France. Ces mêmes lieux furent encore témoins de l'union du malheureux Charles IV avec Isabelle de Bavière qui fut si fatale à la France.

On rapporte que Charles le Téméraire, assiégeant Amiens en 1470, fut tellement frappé d'admiration à l'aspect de la cathédrale, qu'il défendit aussitôt que ses canons fussent dirigés contre elle.

La basilique d'Amiens eut aussi ses jours de deuil et de scandales, lors des guerres religieuses du seizième siècle. Les catholiques et les huguenots s'y livrèrent une lutte acharnée, le sang coula de part et d'autre. Trente-trois ans plus tard, le duc d'Aumale s'y barricada avec les principaux ligueurs, pour résister aux attaques des royalistes; mais ils le contraignirent de se retirer. Enfin, comme tant d'autres églises, ce sublime temple du vrai Dieu fut érigé, en 1793, en temple *de la Raison* par la déraison la plus brutale et la plus honteuse.

Quoique effacées par la cathédrale, les autres
églises d'Amiens se recommandent par divers ob-
jets qui méritent l'attention, celle de Saint-Remi,
par exemple, quoiqu'elle ne dise rien à l'extérieur, offre à l'intérieur une vierge, dite de Ro-
croy, que le grand Condé a fait exécuter en reconnaissance de sa première victoire, et le tombeau très-remarquable de Nicolas de Lannoy et
et de Jeanne de Maturel, sa femme. L'église de
Saint-Germain est d'un très-bel ensemble ; celle
de Saint-Leu se recommande par ses tableaux.
L'hôtel-de-ville et le beffroi ont leur genre de
mérite. La bibliothèque d'Amiens est riche et cu-
rieuse ; un bâtiment spécial lui est consacré. Le
port d'Aval, le château d'Eau se présentent d'une
manière très-pittoresque. N'oublions pas le pa-
lais-de-justice, ancien monastère devant lequel
la tradition rapporte que saint Martin coupa son
manteau pour en donner la moitié à un pauvre,
l'an 337.

Il faut signaler aussi la Hotoye, jardin public
planté d'après les dessins de Le Notre, dont le
terrain a été donné à Amiens par une noble de-
moiselle, Marie de la Hotoye, « afin que la jeu-
nesse pût s'y *égaudir*. »

Outre Pierre l'ermite, dont nous avons parlé
plus haut, la ville d'Amiens a donné naissance
à plusieurs grands hommes; nous citerons particulièrement le médecin Jean Riolon; le sculpteur
Blasset; les savants Du Cange et Dom Bouquet;

les poètes Voiture et Gresset : l'astronome De-
lambre ; le professeur d'histoire naturelle Duméril ; le lieutenant-général Desprez.

## D'AMIENS A ARRAS.

Nous reprenons la même voie qui ne tarde pas
à se diviser en deux branches ; nous laissons celle
qui nous a amenés, et nous suivons celle qui se
dirige vers le nord. Trois fois nous repassons la
Somme qui anime gracieusement le paysage, et
après avoir franchi quelques villages de peu d'importance, nous arrivons à **Corbie**, petite ville
célèbre par l'ancienne abbaye à qui elle doit son
nom et sa fondation. Ce monastère avait été fondé
par le roi Clotaire III et la reine Bathilde, sa
mère, en 662. Vous voyez encore son portail et
ses tours ; c'est une des plus belles rencontres de
la route. Voilà tout ce qui reste de cette abbaye
royale dont la magnificence était citée. On y exerçait l'hospitalité la plus recherchée. Les religieux
étaient nombreux et s'y relayaient de manière à
ce que les louanges du Seigneur y fussent chan-
tées perpétuellement. On y vivait pour la prière,
la science et la charité. C'est là que Didier, roi
des Lombards, vaincu par Charlemagne, cher-
cha l'oubli de sa grandeur passée pour ne plus
se ressouvenir que de celle de Dieu.

Un tournoi célèbre eut lieu en 1223 dans la
ville de Corbie. Florent, comte de Hainaut, et le

comte de Boulogne, fils de Philippe-Auguste, y périrent malheureusement.

Cette ville fut prise en 1636 par les Espagnols, qui s'en emparèrent par surprise. Cette nouvelle répandit l'alarme dans Paris, ce qui prouve que Corbie avait alors une certaine importance. Louis XIII et Richelieu accoururent avec une armée pour la recouvrer, et le gouverneur, qui avait si mal défendu la ville, fut noté d'infamie et condamné au dernier supplice. Aujourd'hui Corbie est une ville industrielle d'environ 2500 habitants.

Un peu avant Corbie commencent les grandes rampes destinées à franchir les terres élevées qui séparent le bassin de la Somme de celui de la Scarpe et de la Deûle.

# Albert, Achiet, Boileux,
## Bapaume.

La petite ville d'**Albert,** peuplée aujourd'hui de 3000 habitants, est traversée par un des bras de la rivière d'Ancre qui lui donnait son nom autrefois. Elle appartient d'abord aux comtes de Ponthieu, ensuite aux comtes de Saint-Pol, puis à la maison d'Aumières-Crevant. Elle fut érigée en marquisat en faveur du trop fameux Concini, qui prit le nom de maréchal d'Ancre. Ce malheureux favori de Marie de Médicis, ayant abusé de son pouvoir, et la fureur du peuple en ayant fait une sanglante justice, ses biens furent confisqués. Le duc Albert de Luynes, étant devenu propriétaire de cette terre en changea le nom, devenu odieux, en celui de son patron.

La magnifique carrière de pétrifications, découverte à Albert en 1752, y attire chaque année un bon nombre de physiciens et de naturalistes. On admire encore à Albert une cascade formée des eaux de la rivière d'Ancre, qui se précipitent avec fracas d'un roc factice, haut de dix mètres.

L'église d'Albert possède une image de la Vierge fort vénérée dans le département de la Somme ; elle est connue sous le nom de Notre-Dame de Brebières ; chaque année les bergers et les bergères des environs, précédés de plusieurs joueurs de cormeuse, viennent offrir leurs hommages à cette vierge, en y portant de gros gâteaux sur la tête et sous les bras. Le but de cette fête pastorale et touchante, est d'obtenir que les troupeaux soient préservés de tout accident.

Depuis Albert, on traverse le bois d'Aveluy, et on laisse à gauche du chemin les villages du **Mesnil. Beaucourt.** et la belle métairie de Baillescourt, avec sa petite chapelle si pittoresque ; **Miraumont,** où l'Ancre prend sa source, **Achiet-le-Petit,** et sur la droite ceux d'**Authuille, Grandcourt. Pys** et **Irles :** entre Achiet-le-Petit et **Achiet-le-Grand,** se trouve une station située au point culminant qui sépar? les deux départements de la Somme et du Pas-de-Calais. **Courcelles, Moyenneville, Boiry, Agny, Achicourt;** à gauche de la descente et du côté opposé, **Gomiecourt, Hamelincourt, Boileux, Mercatel, Beaurains.** Mais non loin de là est **Bapaume** qui correspond avec la station d'Achiet par des omnibus. Bapaume, qui doit son origine à un château-fort, bâti au onzième siècle par un nommé Béranger, et autour duquel se groupèrent des maisons. Eudes, duc de Bourgogne, l'érigea en ville en 1335. Lorsque l'Artois passa sous la domination de l'Autriche, cette ville étant devenue frontière, Charles-Quint la fit fortifier, ce qui n'empêcha pas les Français de la prendre en 1641. Le traité des Pyrénées en confirma la possession à la France. Les fortifications de Bapaume, reconstruites sous la direction de Vauban, finirent par coûter au gouvernement plus d'entretien qu'elles n'offraient d'utilité. Aussi vient-on de les détruire avec tout l'appareil d'un siége, qui a dû être un grand évènement pour les paisibles habitants de cette petite ville, uniquement occupés de leur manufacture de batistes, linons, percales, etc.

C'est à Bapaume que Philippe-Auguste épousa sa première femme, Isabelle de Hainaut, en 1180. Elle n'avait encore que dix ans. La cérémonie du mariage fut célébrée dans l'église Saint-Nicolas, en présence des comtes de Flandre, de

Hainaut, de Clermont, de Soissons , de Ponthieu et de Saint-Pol. Cette princesse apportait à la France tout l'Artois avec quelques autres terres. Philippe-Auguste fut quelque temps sans l'aimer; il paraît même que sa répulsion fut de longue durée ou qu'elle se renouvela à plusieurs reprises, car en 1184 il songeait à la répudier ; mais les prières, les larmes et les aumônes de cette pieuse reine obtinrent enfin du ciel le changement du cœur de son mari. Elle le rendit père de Louis VIII et fût l'aïeule de saint Louis. Son bonheur ne fut pas de longue durée sur la terre ; elle mourut en 1199, à l'âge de trente ans. Six ans après , Philippe donnait sa place à Ingelburge , que plus malheureuse encore , il devait repousser dès le lendemain pour la laisser en butte à de longues humiliations , avant de lui rendre une tardive justice.

Après le meurtre de Louis , duc d'Orléans, en 1407, Jean sans Peur, duc de Bourgogne, quitta Paris avec tant de vitesse , qu'il arriva à Bapaume le même jour à une heure de l'après-midi. Heureux d'avoir pénétré dans cette première ville de sa domination , il ordonna qu'en action de graces, on sonnât l'*Angelus*. Il fit fondre une cloche pour servir à cette fin , et depuis on sonna dans cette ville l'*Angelus* à une heure de l'après-midi , afin de perpétuer le souvenir de cet évènement.

## Arras.

Voici la première place véritablement forte que nous rencontrons depuis le départ de Paris.

Si l'on veut visiter cette ville importante à tant de titres, c'est en traversant des ouvrages avancés, de larges fossés, des ponts, des portes étroites, que l'on entre dans l'intérieur ; la commodité a été sacrifiée à la sûreté; mais une fois dans **Arras.** rien ne rappelle que l'on est dans une forteresse, les remparts en sont déguisés, convertis en vertes pelouses, en belles promenades. La citadelle et les fortifications d'Arras ont été construites par Vauban.

Arras est d'une origine très-ancienne et tire son nom des Atrébates dont elle était la capitale. Elle se nommait auparavant *Origiacum*, selon Ptolomée, et Jules-César, qui en fit la conquête 50 ans avant Jésus-Christ la désigne, dans ses Commentaires, sous le nom de *Nemetacum*. Saint Jérôme en parle dans l'épître à Agérucie comme d'une des principales villes des Gaules, qui furent de son temps ruinées ou saccagées par les barbares ; et dans son second livre contre Jovinien, il fait mention des manufactures d'étoffes fort estimées, qui existaient dès lors dans cette ville industriel. Vers la fin du quatorzième siècle, une des tapisseries de ces manufactures servit à payer la rançon de Jean de Bourgogne, comte de Nevers, prisonnier des Turcs. Les Romains y venaient chercher les robes de leurs sénateurs et les riches vêtements de leur cour luxueuse. La garance cultivée en grand chez les Atrébates, et la vertu particulière des eaux du Crinchon, qui se jette dans la Scarpe, donnaient aux produits d'Arras cette célébrité.

Arras avait rang parmi les *mancipia* ou villes libres; ses citoyens jouissaient des droits de cité dont Rome fut si long-temps avare, et les empereurs, qui séjournèrent plus d'une fois chez elle, lui accordèrent de nouvelles faveurs.

Sous Clodion les Francs occupèrent le pays des Atrébates, et en furent chassés par les Romains. Le christianisme s'était introduit dès l'an 250 en cette contrée; mais ce ne fut que vers l'an 500 qu'il y fut véritablement établi et prêché avec un plein succès par saint Vaast ou Védaste qui est regardé comme le premier évêque d'Arras et de Cambrai. En 880, les Normands dévastèrent cette ville, mais elle se releva de ses ruines. Louis xi prit Arras, en 1477; et en ayant dispersé les habitants dans d'autres villes, il avait défendu à ceux qui les remplacèrent de lui donner le nom d'Arras, et elle s'appela la *ville des Franchises*. Charles viii y rétablit l'ancien ordre de choses.

En 1494, l'empereur d'Allemagne prit possession d'Arras. Le conseil d'Artois y fut institué par Charles-Quint en 1530 et les Espagnols occupèrent cette ville jusqu'en 1640, époque où Louis xiii la soumit ainsi que tout le pays voisin.

Pendant qu'il en faisait le siége, on lisait cette inscription sur l'une des portes de la ville : *Quand les Français prendront Arras, les souris mangeront les chats.* Après sa prise, un plaisant proposa de supprimer le P de *prendront.* Effectivement depuis lors Arras demeura à la France, à qui le traité des Pyrénées en confirma la possession avec celle du comté d'Artois.

Arras possédait avant 1793, douze paroisses. La cathédrale bâtie sur les ruines d'un ancien temple païen dédié à Jupiter (actuellement place de la Préfecture), était surtout remarquable par la richesse, l'élégance et la légèreté de sa construction qui est du style ogival ; cette basilique, dont on conserve précieusement des dessins, fut rasée à la fin de la révolution de 93. L'église de Saint-Jean-Baptiste, autrefois Saint-Nicolas-sur-les-Fossés, est la seule église que la révolution ait conservée pour être alors le temple de la *Raison.*

Une fameuse abbaye de bénédictins dédiée à saint Vaast avait donné une grande importance à cette ville. C'était dans le principe une toute petite église, fondée en 667 par saint Aubert. Sept ans après, c'était un monastère régulier auquel Thiéry III donna de grands biens et de grands priviléges. En 673, ce roi y fut enterré avec Doda, son épouse.

Cette célèbre abbaye fut reconstruite telle que nous la voyons encore de nos jours au milieu du siècle dernier. Le cardinal de Rohan, abbé commendataire, en jeta les fondements. L'église abbatiale qui sert actuellement de cathédrale, fut commencée en 1755; 95 en arrêta les travaux. Graces au zèle et aux efforts incessants de S. E. le cardinal de la Tour d'Auvergne, évêque d'Arras, les travaux furent repris après 1802; et ce monument put être livré au culte en 1833, quoique le service divin y eût été célébré pour la première fois le 17 septembre 1827, en présence du roi Charles x

Cette nouvelle cathédrale est construite dans le style grec, les quarante-huit colonnes qu'elle renferme supportent des chapitaux corinthiens d'une grande beauté. L'élévation intérieure de ce monument est de cent un pieds, et sa longueur de trois cent cinquante pieds. On y arrive du côté principal par un perron de quarante-quatre marches; dans la chapelle de Saint-Vaast se trouvent quatre belles statues en marbre blanc heureusement échappées au vandalisme de 1795. Les deux couchées sont celles de Philippe de Caverelle, et de Jean Sarrasin, archevêque de Cambrai, et tous deux anciens abbés du monastère, et les deux autres agenouillées de chaque côté de l'autel avaient été attribuées au roi Thiery et à sa femme; mais la découverte de tombeaux faite le 25 juillet 1848, dans l'aile gauche du bâtiment de Saint-Vaast, porte à croire que ces statues sont celles de Philippe de Torcy, gouverneur d'Arras, et de Susanne d'Humières, sa femme.

La chapelle de la Vierge est d'un style sévère, mais d'une grande richesse d'ornementation. La statue de la sainte Vierge qui surmonte l'autel est en marbre de Carrare, et l'œuvre du ciseau de Cortot. La conque des fonts baptismaux en marbre noir mérite aussi attention par la grandeur de ses proportions et le fini du travail.

L'ensemble de cette cathédrale est grandiose ; néanmoins elle ne ne peut lutter avec les belles cathédrales de France.

Les vastes bâtiments de l'ancienne abbaye de Saint-Vaast sont occupés maintenant d'un côté par le palais épiscopal et le grand séminaire, et de l'autre, par les musées et la bibliothèque communale. Ce magnifique vaisseau est tel que l'ont construit les moines; elle est riche en manuscrits, et on y compte plus de quarante mille volumes. Les archives départementales et le jardin botanique occupent aussi les dépendances de l'ancienne abbaye.

L'hôtel de la préfecture d'Arras fut construit vers 1755, pour servir d'évêché.

L'établissement le plus considérable sous le rapport de l'industrie, qui est très-active en cette ville, était celui de M. Hallette, destiné à la fabrication des machines à vapeur ; espérons que des temps meilleurs rendront à cet important atelier l'activité qu'il a momentanément perdu.

La grand'place et celle de l'hôtel-de-ville méritent l'attention des voyageurs. Presque contiguës, elles offrent un caractère de grandeur et de majesté, qui étonne dans une ville de 25,000 âmes. La construction des maisons qui les entourent date du dix-septième siècle. Une rangée d'arcades permet en tout temps de s'y promener à l'abri; ces places sont un beau souvenir de la domination espagnole à Arras ; dans l'intérêt de l'art, un arrêt municipal défend d'y faire aucun changement en cas de réparations. C'est sur la grand'-place, sous une tente dressée à cet effet, que naquit Bauduin de Lille, cinquième comte de Flandre, un de ceux qui porta au plus haut degré la gloire et la puissance de cette province. Un monument bizarre , dit-on , fut dressé sur les lieux mêmes, en mémoire de cet évènement. Ce monument a disparu et a été remplacé par une dalle plus large que les autres qu'on remarque encore.

Le beffroi, haut de soixante-quinze mètres, a été reconstruit depuis peu sur les desseins de l'ancien ; il forme avec le corps de l'hôtel-de-ville un assez beau monument.

Les voyageurs ne doivent pas oublier non plus de visiter la chapelle des dames Bénédictines du St-Sacrement, construite en 1846, c'est un pastiche du quinzième siècle , de la plus grande élégance, dû au talent remarquable de l'architecte A. Grigny.

Parmi les hommes remarquables qu'a produits

Arras, on distingue, Jean de La Vaquerie, maire
d'Arras, sous Louis xi. Lefranc, né en 1406,
poète estimé, auteur du *Champion des Dames*,
et de *l'Etrif de fortune et de vertu*. Charles de
Lécluse, dit Clusius, médecin et naturaliste, dont
les ouvrages sont estimés, mort en 1609 ; Jean
Sarrasin, abbé de Saint-Vaast, puis archevêque
de Cambrai, mort en 1598 ; Nicolas Gosson,
jurisconsulte, décapité en 1578. Ferdinand Car-
devaque, littérateur, dix fois échevin, mort en
1614 ; Philippe Meyer, auteur d'une suite des
*Annales* de Jacques, son frère.

Nous voudrions nous arrêter à ces hommes
honorables, et taire d'autres noms qui ont acquis
une triste célébrité ; mais la vérité historique ne
nous permet pas d'omettre qu'Arras est la patrie
du misérable Damiens, assassin de Louis xv ; du
proconsul Joseph *Lebon* qui porta la terreur dans
les provinces du nord de la France, et enfin du
trop fameux Robespierre, justement détesté de
tout ce qui porte un cœur honnête et humain,
et que des écrivains, voulant à toute force être
neufs pour plaire à une génération dépravée,
n'ont pas de honte de vouloir réhabiliter. Ce chef
sanguinaire de la Convention avait commencé par
faire des madrigaux ; *il avait le cœur si tendre*,
disent les mémoires de sa sœur, *qu'il ne pouvait
pas voir faire du mal à un moineau*, et cependant
il a fait trancher froidement la tête à des milliers
d'hommes, qui n'avaient d'autres torts à ses yeux

que leurs richesses et leur vertus. On connaît la
fin de ce monstre. Ceux qui aiment à méditer de
terribles souvenirs , ne contempleront pas sans
émotion la maison qu'il habitait à Arras. Elle est
sutuée rue des Rapporteurs ou des *rats porteurs*,
comme l'indique un écriteau placé à l'un des coins
de cette rue.

## D'ARRAS A DOUAI.

## Fampoux. Vitry.

A peu de distance d'Arras on rencontre sur
la gauche, le magnifique château de saint Michel
situé au territoire de **Blangy**, sur l'emplacement d'un ancien prieuré dépendant de l'abbaye
de saint Vaast, et qui servait de retraite aux
religieuses malades ou infirmes. Il n'existe plus
de cet ancien monument que le toit , ingénieuse-
ment soutenu et conservé pendant la construction
du château.

D'Arras à Douai le chemin de fer traverse un
pays assez monotone , mais richement cultivé.
Voici **Fampoux**, fameux par le déplorable si-
nistre arrivé le 8 juillet 1846. On regrette qu'aucun monument religieux et commémoratif de ce
désastre n'ait pas encore été élevé ici comme à
Bellevue, en souvenir. En attendant que la compagnie du chemin de fer du nord ait rempli ce
pieux devoir, nous qui passons par ce lieu désolé,

accordons au moins aux victimes un soupir et
une prière.

Ce malheureux nom de Fampoux semblait
n'annoncer rien de bon ; on dit qu'il *signifie* en
celtique *fosse bourbeuse*. D'autres disent que ce
nom se rattache à ces temps de la domination
romaine et vient de *fanum Pollucis*, temple de
Pollux. Ce village est fort ancien, il en est parlé
dans une donation faite en 690 par Thierry, roi
de France à la cathédrale d'Arras. **Rœux** ne
nous est connu que par les services empressés
que son curé et ses habitants ont rendus aux malheureuses victimes de la catastrophe de Fampoux ; mais voici bientôt **Vitry** qui rappelle
d'importants souvenirs historiques.

La fondation de Vitry se perd dans la nuit
des temps. Il y existait un château situé sur la
grande voie romaine, qui conduisait de Tournai
à Cambrai. Clodion conquit sur les Romains cette
forteresse, qui est célèbre dans les annales mé-
rovingiennes. C'est à Vitry que l'odieux Chilpéric 1er, époux de la cruelle Frédégonde, fit as-
sassiner son frère Sigebert, roi d'Austrasie, alors
que ce dernier était en marche avec son armée
pour l'aller assiéger dans Tournay. Voici comment
Grégoire de Tours rend compte de cet évènement:

« Sigebert étant arrivé au village de Vitry, son
armée s'y rassembla, l'éleva sur un bouclier et
le reconnut pour son roi. Cette cérémonie achevée,
deux soldats, gagnés par la reine Frédégonde,

armés de poignards empoisonnés, s'approchèrent du roi, feignant de vouloir lui parler, et lui plongèrent l'un et l'autre leurs poignards dans les flancs. Le roi poussa un cri et tomba aussitôt. Charégisile, son chambellan, fut tué en voulant arrêter les assassins, et Sigla, goth d'origine, fut grièvement blessé..... Chilpéric était en ce moment dans une cruelle inquiétude, à cause de l'approche de son frère, marchant à la tête d'une puissante armée ; il ne savait s'il devait fuir ou se donner la mort ; enfin il apprit qu'il avait été assassiné. Etant sorti de Tournai avec Frédégonde et ses enfants, il vint à Vitry et fit enterrer Sigebert sans honneur et *avec ses habits*, au village de Lambres. »

Le château de Vitry était alors considéré comme la forteresse la plus sûre que possédât la couronne, car Frédégonde après avoir perdu tous les enfants qu'elle avait eus de Chilpéric, ayant donné le jour à Clotaire, en qui reposait tout son espoir, ne trouva pas de lieu qui lui inspirât plus de sécurité pour le faire élever et le mettre à l'abri des inquiétudes, que lui inspirait l'alliance de Gontraud et Childebert frère du roi. Ce jeune prince néanmoins ne resta pas long-temps dans cette retraite, en ayant été tiré pour succéder à son père, assassiné par les ordres de cette même Frédégonde, chargée de tant de crimes.

Louis-le-Débonnaire donna à sa fille Gisle le fief royal de Vitry, lors du mariage de cette princesse avec Evrard, comte de Frioul, qui fut fondateur de l'abbaye de Cysoing, et une partie des dépendances de ce fief devint la propriété de cette abbaye.

En 1054 l'empéreur Henri III, dit le Noir, passa à Vitry le pont de la Scarpe pour aller attaquer Baudouin VIII, comte de Flandres 248 ans plus tard, Philippe le Bel passait le même pont avec 80,000 hommes pour aller attaquer les Flamands. Le 22 avril 1710 le prince Eugène et le duc de Marlborough traversèrent également la Scarpe au même endroit pour aller investir Douai ; et le 30 mai suivant, l'armée française commandée par les maréchaux Villars, de Berwick et de Montesquiou, passant par le même chemin, les rejoignait pour les forcer à lever ce siége. L'inutilité de leurs efforts les obligea de retourner sur leurs pas dix-huit jours après.

Le château de Vitry datait de douze siècles lorsqu'il fut détruit, en 1542, par le duc de Vendôme, avec plusieurs autres forteresses dont les garnisons impériales faisaient des courses en Artois et en Picardie.

Avant de pénétrer dans le département du Nord et d'aborder Douai, nous touchons au village de **Brebières**, dont font mention des chartes très-anciennes, l'une d'elles du temps de Charles le Chauve ; mais comme elles ne sont pas fort amusantes, nous les passons sous silence.

# Douai.

Voici **Douai** qui dispute à Lille le titre de première ville de Flandre ; jadis chef-lieu du département , ce n'est aujourd'hui qu'une sous-préfecture , mais une des plus considérables de la France. Grande et belle ville, sa population n'est pas proportionnée à son étendue; aussi l'on est au large dans ses maisons et dans ses rues peu commerçantes ; en revanche , elle possède une cour d'appel , un tribunal de première instance , un lycée , une école d'artillerie et un arsenal ; ses fortifications en font une place de guerre très-importante. On y trouve aussi une fonderie de canons de bronze qu'on peut mettre au premier rang.

L'origine de Douai est très-incertaine. Dès le neuvième siècle, elle était déjà importante comme position militaire, et en 870 elle était tellement fortifiée que les Normands ne purent s'en rendre maîtres. Hugues le Grand, comte de Paris , parvint cependant à s'en emparer en 932. Lothaire, avant-dernier roi de la race de Charlemagne , prit Douai en 965 , mais les comtes de Flandre la reconquirent bientôt après. Robert le Frison et Robert le jeune , son fils, s'en assurèrent la possession par leurs victoires, et ce fut en vain que l'empereur Henri v l'assiégea en 1107. Philippe-Auguste , plus heureux s'en rendit maître en

1812. Les Flamands la reprirent après la bataille
de Courtrai , et Philippe le Bel, en 1304, fit de
vains efforts pour s'en emparer. Louis xi , en
1479, et Coligny, en 1557, essuyèrent un échec
semblable; enfin Douai, heureuse de devenir une
ville française, capitula devant Louis xiv en
1667. Les puissances coalisées la reconquirent
quarante-trois ans plus tard ; mais sa destinée
était fixée, et après la victoire de Denain , le
maréchal de Villars en prit possession le 10 septembre 1712.

L'édifice qui attire d'abord l'attention dans
Douai, est son hôtel-de-ville, construction élégante
du quinzième siècle ; il est seulement fâcheux
que ce monument soit situé dans une rue trop
étroite pour que l'œil puisse le considérer dans
tout son ensemble. Le beffroi , qui le surmonte,
est couronné d'un grand nombre de petits cloche-
tons étagés, supportant chacun sa girouette ; au
sommet se trouve un lion accroupi et tenant une
girouette colossale entre ses bras.

Le palais de justice, où se tient la cour d'appel,
est un monument tout-à-fait moderne, situé sur
les bords de la Scarpe , à laquelle il ne présente
que sa face latérale. Son aspect ne répond pas à
la majesté de sa destination ; l'intérieur y répond
encore moins, et sans l'image sacrée qui donne
un caractère de solennelle gravité au lieu réservé
aux séances de la cour d'assises, on pourrait s'y
croire dans une salle de bal ou de concert.

L'église principale, sous l'invocation de saint Pierre, est un beau monument du dix-septième siècle. Elle se compose de trois nefs. Les colonnes, les archivoltes et les bandeaux des voûtes sont en pierre grise, le reste est gratté à blanc, ce qui produit un charmant effet. L'orgue est un morceau de sculpture très-remarquable ; on y admire surtout une statue du roi David ; mais on s'étonne de ne trouver aucun tableau passable dans cette église, dont le dehors ne répond pas non plus à l'architecture intérieure. Sur la place même où elle est située il faut voir avec attention un reste précieux de l'époque de la renaissance, qui est une maison qui appartenait à la congrégation dite des huit Prêtres. L'église de Notre-Dame mérite aussi une visite.

Qui n'a entendu parler du fameux Gayant et de sa famille, mannequins gigantesques que l'on promène dans les rues de Douai au mois de juillet, le jour de la fête de cette ville et qui y attirent un grand concours de monde ? C'est un usage qui doit venir des Espagnols, et qu'on retrouve encore dans leur pays ; il existait autrefois dans plusieurs villes de Frandre, soumises à leur domination. Les révolutions ont fait tomber ces géants comme bien d'autres illustrations. Douai seul a conservé cet antique usage qui fait son orgueil et les délices des badauds qui accourent de toutes les petites villes voisines pour contempler la famille Gayant et jouir des fêtes qui se donnent à cette occasion.

Parmi les hommes célèbres qui sont nés à Douai, on cite M. de Calonne, ministre des finances sous Louis xvi. Son ministère fut orageux. Il avait fait convoquer les notables qui rejetèrent les impôts dont il voulait les charger. Injustement accusé d'avoir dissipé les finances de l'état, il passa en Angleterre, où il mourut en 1797.

Jean de Bologne, sculpteur célèbre, élève de Michel-Ange, était né aussi à Douai en 1524. On lui doit la statue en bronze d'Henri iv, qui orne le Pont-neuf à Paris. Son chef-d'œuvre est un groupe qui se voit à Florence représentant l'enlèvement d'une Sabine. Il mourut en 1608.

A la station de Douai le chemin de fer du nord se divise en deux branches, dont l'une s'avance directement vers Bruxelles par Valenciennes, l'autre va à Lille et de là à Gand. Cette seconde ligne a trop d'importance pour que nous ne nous écartions pas en sa faveur de la voie la plus directe qui joint ensemble les deux capitales, dont l'une est le point de départ et l'autre la limite de notre voyage ; nous pouvons dire aussi que la ville de Lille est assez considérable pour en être le centre.

## DE DOUAI A LILLE.

# Leforest, Evin, Carvin, Seclin, Templemars.

Au sortir de Douai le convoi franchit deux ponts tournants établis sur des fossés que la Scarpe alimente et qui servent de défense aux ouvrages avancés de cette ville. Nous sommes en pleine Flandre. Voici bien les riches paysages et les belles vaches qui ont servi de modèles aux peintres Ruysdaël et Paul Potter. I'industrie actuelle a ajouté à ces richesses du pays un grand nombre de manufactures de sucre de betteraves.

La première station après Douai est celle de **Leforest;** il ne faut pas chercher l'origine du nom de cette commune, autrefois entourée de vastes forêts dont une partie subsiste encore.

La terre du Forest, après avoir appartenu à la maison du Luxembourg et à celle de Contay, fut érigée en marquisat au sixième siècle, en faveur de la maison de la Tramerie. Les annales du pays parlent d'une fête somptueuse qu'y donna un seigneur de ce nom, le dernier jour de l'an 1700, pour célébrer joyeusement le passage du dix-septième siècle au dix-huitième. Les gais accords d'un orchestre de bal se mêlèrent au tintement solennel qui devait marquer la brusque transition d'un siècle de gloire et de grandeur à un siècle si fatal à la France et à la noblesse en particulier. Toute celle du pays se trouvait réunie à cette fête ; et pour que toutes les classes y prissent part, le marquis du Forest avait fait faire dans les villages environnants d'abondantes distributions de vivres , de boissons et de chauffage. C'est une belle pensée que de pourvoir aux plaisirs du pauvre en songeant aux siens.

Mademoiselle de la Tramerie , qui avait brodé un étendard offert aux arbalétriers de Douai conviés à cette fête : porta le marquisat du Forest, dont elle était héritière, dans la maison de Croy , par son mariage avec le chef de cette famille.

A gauche du chemin , voici **Évin,** qui a été à plusieurs époques le théâtre de combats sanglants et de scènes de carnage. C'est là, selon l'opinion de plusieurs savants, que se livra le premier combat qui eut lieu entre les Francs et les Romains sur les terres de France. Voici le récit assez curieux qu'en fait un historien du pays [1] :

« En 446 , Clodion, dit *le Chevelu* , qui voulait s'emparer de la Belgique et de l'Artois, y avait envoyé des espions pour reconnaître exactement les forces et la position des armées romaines qui s'y trouvaient sous les ordres d'Aétius et du jeune Majorien , qui fut depuis empereur. Il

---

[1] M. Duthillœul, ( *Petites histoires de Flandre et d'Artois* ).

réussit d'ans son projet , parcourut et ravagea l'Artois , et riche de ses dépouilles , vint s'etablir au-dessus du Boulenrieu, proche d'Evin , où il se tint sans défiance, à cause de la défense que lui faisait cette position. Son camp s'étendait sur tout le flanc de la colline, depuis Monchaux jusqu'auprès d'Ostricourt.

» Un des chefs de l'armée se mariait ; tous les Francs étaient réunis au lieu où est aujourd'hui Monchaux. Aëtius , qui s'était réconcilié avec les habitants de l'Artois, avait été informé de cette circonstance, et s'était avancé vers son ennemi , sans que ses mouvements eussent été décelés. Au milieu de la fête des épousailles d'armée romaine, tomba à l'improviste sur les Francs,qui, surpris et désarmés , n'eurent pas le temps de se mettre en bataille. Aëtius fit passer les premières gardes au fil de l'épée , fondit sur l'assemblée des chefs, enleva la nouvelle mariée et força les Francs à évacuer le pays [1] ».

Evin, pendant tout le moyen-âge, fut continuellement traversé par des armées. En 1710 , lors du siège de Douai, l'aile droite de la cavalerie du prince Eugène occupait Evin. Quoique à deux lieues seulement de Douai, cette commune est située dans le département du Pas-de-Calais que côtoie pendant quelque temps le chemin de fer.

**Carvin** , distant de sa station de plus de

---

[1] Plusieurs géographes placent ailleurs le *Vicus Helena*, où eut lieu le fait qu'on vient de raconter.

quatre kilomètres, et qu'on regrette de ne point voir encore relié au chemin de fer par une route directe, est un bourg considérable et bien bâti, comme la Flandre seule en possède ; il s'étend sur les deux départements circonvoisins sous les dénominations de Carvin-Nord et de Carvin-Epinoy, cette dernière du nom d'un village réuni à Carvin qui en dépendait autrefois.

Le péage de Carvin, établi par de puissants seigneurs qui forçaient les marchands à passer sur leur territoire, rendit ce lieu très-fréquenté. Son église, dédiée à saint Martin, fut brûlée en 1640, et une seconde fois quinze ans plus tard. Elle fut rebâtie depuis avec assez d'élégance. Sa tour sur laquelle est établi un télégraphe qui fait partie de la ligne de Lille à Paris, est très-remarquable ; elle domine de riches plaines, et l'on y jouit d'une vue très-étendue.

La terre d'**Epinoy**, où les seigneurs de Carvin avaient leur château, fut érigée en comté par Louis xii. Charles-Quint, en 1545, en fit une principauté en faveur de Hugues de Melun; et cette terre passa dans la maison de Rohan Soubise par le mariage de Louis de Rohan avec Anne de Melun, qui la lui apporta en dot.

Jean Lefebvre, dominicain, docteur en théologie, et chapelain de l'empereur Maximilien d'Autriche, ainsi que François Hautte, poète, mort en 1831, sont nés à Carvin.

Voici encore un superbe bourg, qu'on peut

qualifier de ville, **Seclin**, où l'on voit une belle église dédiée à saint Piat, martyr et apôtre du pays, que les vieilles légendes nous représentent tenant en main son crâne que les idolâtres lui ont enlevé, et le portant jusqu'à un autel bâti à Seclin où il vint rendre le dernier soupir. L'église qui est consacrée sous son invocation a été fondée par saint Eloi, et Dagobert y institua un chapitre de vingt chanoines, avec un prévôt, un doyen, un chantre et un écolâtre.

Marguerite, comtesse de Flandre, fonda en 1248, à Seclin, un couvent d'hospitalières qui subsiste encore. Tous les malades sans distinction y pouvaient être admis. — On cite le portique placé à l'entrée du cimetière de Seclin.

De l'autre côté du chemin, se trouve **Templemars**, dont le nom semble indiquer l'origine païenne. Les premiers titres qui font mention de ce village sont du onzième siècle ; alors Templemars avait depuis long-temps une église dépendant de l'évêque de Tournai.

Cette commune était visitée autrefois tous les ans par un peuple immense de Lille et de sa châtellenie. Le vendredi de la première semaine de carême, le roi de l'Epinette s'y rendait en grand cortège et dans tout l'éclat de sa magnificence pour prier monsieur saint Georges de lui accorder un règne heureux. Ce roi était le chef électif d'une société, formée de soixante-dix gentilshommes ou riches bourgeois. Le seul fait de cette

royauté de l'Epinette anoblissait ; et elle était
ainsi désignée parce que la société avait pris pour
patronne la sainte épine de Notre-Seigneur. Singulier mélange de dévotion et de plaisirs profanes,
très-opportuns dans un temps de pénitence, ces
fêtes splendides de l'épinette qui commençaient
par des joûtes, se prolongeaient jusqu'au troisième dimanche de carême. Le vainqueur recevait des mains des dames un épervier d'or. Malgré les honneurs attachés à cette dignité, on
finit par ne plus trouver de sociétaire qui voulût
être roi de l'Epinette, à cause des dépenses considérables auxquelles il se trouvait entraîné. Il
fallut que la ville se décidât à en faire les frais.
Le sombre Philippe II, roi d'Espagne, supprima
cette fête en 1556.

## Moulins-Lille, Mons-en-Pevèle, Faches.

En sortant de Seclin, vous verrez la plaine
couverte de Moulins, bâtis à côté de petites
maisons que l'on nomme *hobettes* dans le pays.
On en compte plusieurs centaines, et c'est un
spectacle fort curieux que celui de toutes ces
machines en mouvement. Le héros de la Manche
aurait pu les prendre pour une armée. C'est au
règne de la comtesse Jeanne, fille de Baudouin
IX, que remonte l'introduction de ces moulins,
importés par les croisés. Le pays en retire d'im-

menses avantages ; car l'huile de graines qu'on y fabrique s'expédie dans toute la France et dans plusieurs des royaumes de l'Europe.

L'établissement des machines à vapeur fait concurrence aux moulins à vent. Mais si les premières offrent un agent toujours disposé à fonctionner, les autres offrent un moteur gratuit; et l'avenir décidera de quel côté doit se porter la préférence. Ces moulins ont donné leur nom à une immense commune industrielle, formée d'un faubourg de Lille ; celui où s'enfourchent les deux grandes routes de Paris, délaissées aujourd'hui pour le chemin de fer.

Si nous avions la vue perçante, nous pourrions apercevoir, à droite, une légère élévation qui se distingue pourtant sur cette plaine uniforme; c'est **Mons-en-Pevèle**, lieu célèbre par la victoire que le roi Philippe le Bel remporta sur les Flamands dont il retenait injustement le comte prisonnier à Paris. Rien n'est plus digne d'intérêt que ce passage des annales de la Flandre et l'histoire de Guy de Dampierre, alors comte de ce beau pays [1]. Non loin de là est le village de Bouvines, où un autre Philippe déjoua la ligue de ses ennemis. A chaque pas, dans cette province, on rencontre un champ de bataille fameux.

Cette ondulation qui suit porte le village de

[1] Voyez l'*Histoire de Lille*, publiée par M Victor Derode.

**Faches**, autrefois centre d'un petit royaume bien obscur, et dont la réputation n'a guère franchi la limite du département ; ce *royaume des Estimaux* comprenait quelques centaines d'hectares de terres allodiales, qui dans la Flandre portaient le titre d'Estimaux. Les noms des souverains de ce royaume, non moins obscurs que leur territoire, ne survivent guère que dans quelques chroniques locales et dans une notice publiée sur ce sujet en 1838.

Ces longs panaches de fumée qui se traînent horizontalement dans le ciel et surmontent ces tuyaux effilés qui se dressent dans l'air, nous indiquent l'emplacement de **Lille**, ville manufacturière, laborieuse et guerrière, titres que tout le monde lui concède ; mais il en est un surtout qui nous touche et sur lequel nous nous arrêterons plus volontiers, c'est celui de ville où règnent la piété, la charité, et qui fut solennellement consacrée à la sainte Vierge, comme nous le développerons tout-à-l'heure.

# Lille.

La fondation de Lille remonte à l'an 640. On l'attribue à Lyderic du Buc, grand forestier de Flandre. L'histoire de cette fondation est fort touchante. Elle est sans doute mêlée de quelques circonstances fabuleuses ; mais plusieurs histo-

riens, et en dernier lieu M. Derode, affirment
que le fond au moins est vrai. C'est à ce dernier
que nous empruntons le récit suivant :

« Sous le règne de Clotaire II, vers l'an 620,
les troubles qui régnaient en Bourgogne avaient
contraint plusieurs seigneurs à quitter ce pays.
Parmi les émigrants se trouvait un noble et vertueux personnage, Salvaert, prince de Dijon.
Parent du roi d'Angleterre, il songea à lui demander asile et secours, et se mit en route avec
sa femme dont le nom Hemelgaerde ( jardin du
Paradis ), présageait de plus heureuses destinées.
Cette princesse était alors enceinte.

» Le cortège parvint au pays du Buc, dans
une forêt non loin de Lille ; forêt fameuse par les
massacres qu'on y avait commis et qui avait reçu
le nom de *Bois sans merci.*

» Le pays du Buc était gouverné, sous la suzeraineté du roi des Français, par un méchant
homme nommé Phinaert, tyran adonné à toutes
sortes de vices, et qui détroussait les voyageurs
et les faisait mourir.

» Averti de l'arrivée du prince de Dijon, Phinaert l'attendit, tomba à l'improviste sur lui et
les siens, et en fit un massacre général. Hemelgaerde et une de ses femmes parvinrent seules à
se sauver dans la forêt.

» En relevant les morts, l'assassin remarqua
l'absence de la princesse. Ne doutant pas qu'elle
n'allât demander vengeance à quelque prince

Reliure serrée

voisin , il fit battre soigneusement le pays, persuadé qu'elle ne pouvait lui échapper.

» Après une longue marche , Hemelgaerde s'était arrêtée au bord d'une source nommée la fontaine *del Saulx* ou du saule. Un ermite nommé Lydéric lui offrit quelque nourriture. La princesse ne tarda pas à s'endormir. Elle fut, pendant son sommeil, favorisée d'une apparition : Marie, sous la figure d'une femme majestueuse, lui prédit que le fils qu'elle portait serait un homme vaillant, qui vengerait la mort de son père et régnerait dans le pays , lui et ses descendants.

» A son réveil, la princesse mit au monde un bel enfant qu'elle enveloppa de quelques langes et qu'elle ne pouvait se lasser de regarder , *tant il était agréable et bien formé* , dit Oudegherst.

» La suivante d'Hemelgaerde était montée sur un tertre pour découvrir s'il n'y avait pas dans le voisinage quelque habitation où sa maîtresse pût se rendre, aperçut une troupe de gens armés, parmi lesquels elle reconnut le meurtrier de Salvaert. Pour soustraire son fils à une mort inévitable , et se confiant au ciel, dont elle avait reçu un miraculeux avertissement , sa mère cacha sous une haie *ombrageuse* , l'enfant auquel étaient promises de si hautes destinées. Les satellites de Phinaert s'emparèrent des deux femmes , et le pauvre petit resta seul, confié aux soins de la Providence.

» Le nom de Lydéric (roi patient ou souffrant),

convenait bien à cet orphelin que l'ermite recueillit, ne doutant pas que ce ne fût l'enfant de l'infortunée princesse.

» Le père nourricier apprit à son pupille les premières vérités de la religion, l'initia aux connaissances qu'il possédait lui-même. Il l'entretenait souvent de la triste fin de Salvaert, de la captivité d'Hemelgaerde.

» Le jeune homme se développa, fit des progrès rapides qui engagèrent son instituteur à l'envoyer en Angleterre, sous la direction d'un certain abbé qui aurait achevé son instruction. Il justifia les espérances de ses guides, et il aurait été difficile de trouver un prince plus vaillant, plus courtois, plus accompli.

» A dix-huit ans, Lydéric entra au service du roi d'Angleterre. La fille de ce prince ne fut pas insensible au mérite du jeune étranger. Celui-ci oublia trop long-temps près d'elle qu'Hemelgaerde gémissait dans une prison. Il s'en souvint pourtant, et jura de ne prendre aucun repos qu'il n'eût satisfait au devoir filial et puni l'assassin de son père.

» Il se rendit donc à Soissons où était le roi Dagobert avec toute sa cour. Il y accusa Phinaert du crime commis sur Salvaert de Dijon, demandant un combat corps à corps, un de ces duels que l'on appela long-temps *les jugements de Dieu*.

» Phinaert ne pouvait refuser. Le combat eut lieu non loin du château du Buc; dans un endroit de la forêt *charbonnière*, où coulait le ruisseau passant aujourd'hui sous les *Ponts-de-Comines*, que l'on appela long-temps le pont de *Phin*, en mémoire de la défaite du tyran qui y perdit la vie.

» Le vainqueur délivra sa mère, reçut du roi toutes les terres de Phinaert et fut créé premier *forestier* de Flandre. Il répandit la religion chrétienne dans ce pays, et bâtit autour du château du Buc, qui devint l'habitation de ses premiers seigneurs, la ville de Lille ainsi nommée des marais qui l'environnaient. »

Les descendants de Lydéric gouvernèrent la Flandre sous le titre de forestiers, durant environ deux siècles après sa mort. Cette province fut érigée en comté [1] en faveur de Baudouin Ier, surnommé Bras de fer, qui avait épousé une fille de Charles le Chauve. L'histoire de ses illustres successeurs est si intéressante qu'elle nous mènerait trop loin pour les limites que nous sommes obligé de nous prescrire. Il faut lire surtout la vie de la pieuse comtesse Jeanne et de Marguerite sa sœur, qui vécurent du temps de saint Louis. C'est à ces deux princesses que Lille doit la plupart de ses plus utiles fondations. Le comté de Flandre passa plus tard par alliance dans la maison de Bourgogne, puis aux princes de la maison d'Autriche, enfin à celle d'Espagne jus-

[1] Cette érection en comté pour Bauduin Ier est contestée, le titre n'existe pas.

qu'en 1667, que Louis xiv le réunit définitivement au royaume de France.

Lille, que ses fortifications, œuvre de Vauban, rendent si redoutable, a subi un grand nombre de|siéges ; non pas seulement sept, comme on l'a dit dans un livre intéressant intitulé *les Sept Siéges de Lille*, mais une douzaine, au moins, et avec un peu de bonne volonté on en trouverait même un treizième.

Cette ville est importante par le commerce dont elle est le centre. Si, partant de là, on traçait un cercle de douze lieues de rayon, on trouverait que nulle part ailleurs en France, ni même en Europe, ne se presse sur un égal territoire un aussi grand nombre d'habitants. Nulle contrée n'est plus riche en produits agricoles. Nulle part l'agriculture n'est plus honorée, et les cérémonies annuelles où sont couronnés les laboureurs et leurs vieux domestiques en sont un touchant témoignage.

Des routes nombreuses, des canaux qui sillonnent le pays dans tous les sens, la position géographique de la contrée, tout cela concourt avec l'esprit industriel des habitants à y faire régner une grande prospérité dont on voit tout d'abord une preuve dans le luxe qui règne à l'extérieur des maisons de Lille.

Dans le cas où vous n'auriez pas le temps de pénétrer plus avant, faisons au moins une promenade historique dans les principales rues de cette ville.

Celle par laquelle nous entrons, est la rue de Tournai, autrefois de l'Abbiette, mot qui signifie petite abbaye, et que portait une vaste et magnifique maison religieuse, bâtie par la comtesse Marguerite. Il n'en reste plus aujourd'hui qu'un dernier vestige : c'est l'arcade d'une porte qui rappelle le nom de la Vierge.

C'est dans cette riche abbaye que descendaient les souverains qui se rendaient à Lille. La maison conservait surtout le souvenir de la visite de l'infante Isabelle, fille de Philippe II, qui y laissa des traces de sa munificence ; c'est là que le prince , Clément de Bavière , électeur de Cologne , prit le parti de se vouer aux autels. C'est encore là que venaient Louis XIV et la reine son épouse, dans les fréquents voyages qu'ils faisaient à Lille. La révolution supprima cette maison, comme les autres communautés religieuses.

Lors du siége de 1792, toutes les maisons qui se trouvent vers la porte de Tournai ont été écrasées et incendiées par les bombes des Autrichiens.

En avançant dans la même rue, nous trouvons l'église réformée de la confession d'Augsbourg. C'était autrefois une maison des religieux disciples de saint François, qui se vouaient au soin des aliénés. La maison de santé qui est à côté a la même destination pour les femmes, elle est desservie par des religieuses dites de l'*Enfant Jésus*. Le département cherche  à transférer ailleurs cet établissement devenu insuffisant pour la foule d'insensées qu'on y présente. Il est à remarquer que jamais on ne vit autant de personnes atteintes de folie que dans ce siècle de lumières ; cela pourrait tenir à ce que beaucoup veulent sortir de leur sphère et se créent des embarras au-dessus de leurs forces morales, au lieu de rester humblement dans la position où la Providence les a fait naître.

A notre gauche est l'église Saint-Maurice dont l'existence remonte à 1120 ; mais l'édifice actuel est dû à Philippe le Bon, le célèbre duc de Bourgogne, qui aima tant ses sujets et les Lillois en particulier ! C'est à Lille qu'il tint le premier chapitre de la Toison d'Or, et le briquet, insigne de cet ordre, se retrouve dans les ornements un peu frustes qui composent la corniche de cet édifice. C'est dans cette église que furent renfermées les entrailles du duc de Berry, victime de l'assassin Louvel. Un tombeau magnifique recouvrait ces restes mortels que l'on voulut profaner en 1831. Le tombeau fut démoli, mais le repos des cendres fut respecté. Donnons un souvenir pieux à ce prince infortuné !

L'église Saint-Maurice est, depuis quelques années, veuve de sa vénérable tour que, dans l'intérêt du reste du monument et de la sûreté publique, il a fallu démolir, nonobstant toute autre considération.

Voici à droite une rue appelée *du vieux fau-*

*bourg*, parce qu'autrefois elle était en dehors des fortifications. La porte qui s'y ouvrait s'appelait porte à *brouettes*, parce qu'elle était si étroite que l'on ne pouvait y marcher qu'un seul de front, et que le pont, malgré sa longueur, n'était pas plus large, et ne permettait le passage d'aucun autre véhicule que les brouettes.

Cette porte s'appelait aussi d'Argnel ou d'Ergnaux, dont on a fait des Reigneaux, nom que porte actuellement la place qu'elle occupait. Le massif de maisons qui est à notre droite est sur l'emplacement d'un ancien fort bâti par les rois de France, et qui fut détruit lors du sac et de l'incendie de la ville par Philippe le Bel.

A notre gauche, cette large rue est l'ancien pont de Phin, où la tradition place le combat de Lydéric et Phinaert dont nous avons parlé.

Suivons notre chemin ; nous voici dans la rue des Arts, nom qu'elle doit au collége et au musée ; autrefois c'était la rue des Récollets, du nom d'un couvent fondé par Jeanne de Constantinople, couvent détruit en 1792. Plus antérieurement encore, c'était la *rue des Foulons*, nom qu'elle portait au treizième siècle, alors que la fabrication du drap était la principale industrie des Lillois, qui expédiaient leurs produits jusqu'en Allemagne.

La rue qui nous conduit à la grand'place est le vieux marché aux poulets, autrefois *marché aux entes* ; à gauche se trouve le marché au poisson, érigé sous l'empire.

Le théâtre est bâti sur l'emplacement de l'ancien pilori. C'est là que se faisaient les exécutions par le feu. En face on remarque, dans la façade du café Lalubie, quelques vestiges de l'ancien hôtel échevinal.

La grand'place forme un parallélogramme assez régulier ; vers l'est se trouve le palais de la bourse, édifice du dix-septième siècle , que recommande son style espagnol et des reliefs de demi-bosses, ainsi que des cariatides.

Autrefois une même place comprenait tout l'espace aujourd'hui divisé par cet édifice. Là se tenaient les tournois si célèbres dans la Flandre , sous le nom de jeux de l'Epinette. Les chevaliers et seigneurs de France et d'Angleterre s'y donnaient rendez-vous pour y courir dans la lice. Les souverains ne dédaignaient pas de s'y mesurer avec de simples bourgeois, et l'on y a vu Philippe le Bon , Charles le Téméraire , Louis XI , l'empereur Maximilien et une foule d'autres y faire preuve d'adresse et de force. Le vainqueur du tournoi était ensuite promené par quatre des plus belles demoiselles qui le tenaient par un ruban d'argent. Il suivait ces aimables guides en portant sur le poing l'épervier d'or , gage de sa victoire. A l'article Templemars nous avions déjà parlé de ces fêtes et du patronnage sous lequel elles étaient placées. Ces réjouissances se terminaient par une sorte de retraite , que le roi de la fête et toute sa cour avaient coutume de faire au couvent des

Dominicains , où l'on offrait à leurs méditations et à leurs respects une épine de la couronne du Sauveur, relique enfermée dans une précieuse châsse , don de la comtesse Jeanne. On est tenté d'admirer plutôt que de critiquer cette candeur avec laquelle nos ancêtres attachaient à des pratiques de dévotion leurs plaisirs , comme pour lour donner une consécration divine. C'était effectivement une grande et belle leçon que de modérer la dissipation résultant des joies de ce monde, par le souvenir des douleurs de l'homme Dieu , se dévouant pour sa créature, et réclamant à bon droit la meilleure part de ses affections.

Jetons un coup-d'œil sur la colonne élevée au milieu de la grand'place en l'honneur des citoyens qui défendirent la ville, lors du siége de 1792. Les Lillois doivent être plus fiers de cette héroïque défense que du monument qui la rappelle.

Au centre de la ville était, avant 1792 , une église gothique , sous l'invocation de St-Etienne, et remontant aux premiers temps de la cité. Son original et gracieux clocher , bâti par un prince autrichien , fut brûlé par les boulets autrichiens, et l'église tout entière partagea cette ruine.

Nous entrons dans la rue Esquermoise , la plus fréquentée de la ville; on y remarque dans les boutiques un luxe qui atteint , et même parfois dépasse celui de la capitale. Un confiseur y a consacré plus de trente mille francs à se créer une éblouissante façade.

Un plaisant a dit que la rue Esquermoise était le plus beau monument de la ville de Lille, et après cette rue il ne trouve à citer que la chaire élégante de l'église Saint-André, située dans la belle rue Royale, rue digne de figurer avec honneur dans le plus noble faubourg de Paris. Mais la ville de Lille renferme encore d'autres monuments qui ne sont pas sans intérêt; tels sont : la porte de Paris, magnifique arc de triomphe élevé en l'honneur de Louis XIV, par l'architecte Volland; la citadelle, construite par Vauban, et qui passe pour le chef-d'œuvre de cet homme de génie; l'hôtel de la Préfecture; le palais de justice, qui renferme une prison; l'hospice général; le magasin et la halle au blé; le palais des archives; l'hôtel-de-ville; l'hôpital Comtesse, fondé par la pieuse Jeanne, à qui l'on doit un grand nombre d'établissements charitables. Le dôme de la Madeleine fait bon effet avec la croix qui le surmonte, reluisant au soleil sous un ciel bleu. La promenade dite l'Esplanade est fort agréable; celles qui entourent extérieurement la ville ont bien leur charme.

Lille, en un mot, est une belle résidence. Il faut cependant signaler son revers de médaille : il y a une portion de la population ouvrière qui paraît fort misérable; un assez grand nombre de caves malsaines sont habitées par de nombreuses familles, et malgré les ressources du pays, la misère et l'inconduite en font une race rachiti-

que et dégradée ; mais la piété , qui règne généralement, inspire un esprit de charité qui porte à
chercher remède à ces plaies physiques et morales, par l'exercice d'une bienfaisance active et
bien ordonnée.

Lille, chef-lieu du département du Nord, le
plus grand et le plus riche de la France, chef-
lieu de la troisième division militaire , renferme
dans son sein des établissements très-importants :
tribunal de première instance et de commerce ,
conseil de prud'hommes , cours pratique de mé-
decine , chirurgie et pharmacie , société des
sciences et des arts, commission historique pour
la recherches des antiquités locales et la conservation des monuments départementaux , musée,
académie de dessin, académie de musique, qui
toutes ont fourni des artistes distingués ; tout ce
qui dénote un grand centre de population s'y
trouve rassemblé.

Nous avons dit que la ville de Lille était placée
sous la protection spéciale de Marie ; nous vou-
lons donner quelques détails sur ce divin patronnage , invoqué sous le titre de Notre-Dame de la
Treille.

Cette dévotion remonte à l'an 1045. Le comte
Bauduin v, le premier qui fit de Lille une ville
forte et importante , construisit l'église Saint-
Pierre, dans laquelle il fonda une chapelle où se
trouvait la statue de la sainte Vierge, assise avec
l'Enfant-Jésus sur les genoux, tenant en main un

sceptre fleurdelisé, et entourée d'un treillage. De ce dernier emblème lui vient ce surnom de la Treille dont nous ne connaissons pas d'autres raisons. Pendant huit cents ans, les Lillois ont honoré d'un culte spécial cette Vierge, à laquelle ils avaient voué leurs remparts et leur ville. Cette ferveur prit un nouvel accroissement à l'époque où saint Bernard, ce zélé serviteur de Marie, vint lui-même se prosterner devant cet autel, et y proclama de sa voix éloquente les gloires et l'amour de la Reine du ciel.

L'année 1254 est fameuse dans les annales de Notre-Dame de la Treille; de nombreux et évidents miracles s'y opérèrent par son intercession. Des infirmités de toute nature y furent soudainement guéries, et ces prodiges *journaliers, éclatants*, qui s'opéraient devant la sainte chapelle en faveur des Lillois, firent une telle impression sur le peuple et les princes de la ville, que Marguerite et son fils Guy de Dampierre décrétèrent, de concert avec les chanoines du chapitre de Saint-Pierre, qu'une fête commémorative de ces merveilles aurait lieu tous les ans, le dimanche après la fête de la Trinité, et qu'on y ferait une procession solennelle en l'honneur de Marie.

Le seizième siècle vit se renouveler cette abondance de miracles; la plupart sévèrement examinés, approuvés, constatés par l'autorité ecclésiastique. Dans ce siècle de troubles religieux où

9

l'hérésie fit tant d'efforts et de progrès dans les cités voisines, Lille demeura constamment fidèle et à la foi catholique et à la divine patronne qui lui avait donné des signes si évidents de sa grandeur, de sa bonté et de sa protection spéciale. La confrérie érigée en son honneur devenait si considérable, qu'il ne s'est jamais vu nulle part une telle affluence. Les peuples des villes environnantes, saintement jaloux des faveurs dont jouissaient les Lillois, envoyaient des députations en pèlerinage à Notre-Dame de la Treille pour y avoir part. Où vit-on jamais plus d'*ex-voto*, que dans cette chapelle, détruite avec son église en l'an 1792, de funeste mémoire! Mais les fidèles serviteurs de Marie ayant continué à la servir en secret durant ces temps déplorables, où il n'était pas même permis d'être chrétien, la confrérie de Notre-Dame de la Treille n'a pas pour cela cessé d'exister. Elle vient d'être reconstituée, en 1844, dans l'église de Sainte-Catherine, où l'on a replacé l'image sacrée, objet de la vénération de huit siècles, et Lille y a renouvelé sa consécration solennelle. Plusieurs vénérables prélats de diverses parties du monde y sont récemment venus déposer leur hommage, comme tant de saints et grands personnages d'autrefois.

Au moment de reprendre le chemin de fer pour continuer notre voyage, trois voies se présentent à la sortie de l'embarcadère : l'une est celle de Paris, par laquelle nous sommes arrivés;

celle du milieu mène à Courtrai, Gand, Anvers ;
et la troisième conduit à Dunkerque. Avant de
repartir pour la capitale de la Belgique, où nous
arriverons par Valenciennes, donnons un coup-
d'œil à Roubaix et Tourcoing, villes-manufactu-
rières, situées à peu de distance de Lille : la première à sept kilomètres, la seconde seulement
deux kilomètres plus loin ; c'est la dernière station française du chemin de fer qui conduit de
Lille en Belgique.

## Roubaix et Tourcoing.

**Roubaix** était autrefois un marquisat au
prince de Soubise. Un hôpital y a été fondé à la
fin du quinzième siècle par Isabelle, veuve du
Sgr de Luxembourg. Cette princesse de la maison
de Roubaix en posa elle-même la première pierre
le 24 mars 1488. Néanmoins on peut dire que
Roubaix est une ville toute neuve, toute industrielle, qui prend de l'accroissement tous les
jours, et où règnent une grande activité pour le
travail, et une ardeur presqu'exclusive pour
l'industrie.

Dès le siècle dernier, Roubaix avait un grand
renom pour la fabrication des étoffes ; mais ce
fut surtout vers 1820 que cette ville prit un développement considérable, et se plaça au rang
des villes manufacturières les plus florissantes
de France. Sa population s'accroît d'une manière

extraordinaire ; des maisons, des rues tout en-
tières s'y élèvent comme par enchantement. On
regrette de voir que dans les divers agrandis-
sements, on n'ait pas adopté et suivi un plan
général qui ait rendu toutes les rues d'une largeur convenable et d'une circulation plus facile.
La transformation prodigieuse de Roubaix ne
peut être comparée qu'à celle que l'industrie a
aussi fait subir à la ville de Saint-Etienne (Loire).

Roubaix compte maintenant environ trente
mille habitants. Outre les avantages que lui pro-
cure la station du chemin de fer, elle a aussi
depuis plusieurs années un canal qui joint la
Deûle à l'Escaut, et elle réunit ainsi tous les
moyens de transport et de communication qui
peuvent donner un nouvel élan à son industrie.

**Tourcoing**, sa vieille sœur, que les fa-
céties de Brûle-Maison, poète patois, ont rendue célèbre, partage cette prospérité manufacturière [1].

Le premier acte qui fasse mention de Tourcoing
est un diplôme de Thierry d'Alsace, comte de
Flandre, daté de l'an 1146, par lequel il confirme

---

[1] Roubaix et Tourcoing et le hameau du Blanc-Seau,
où une église vient tout récemment d'être bâtie, forment
les trois coins d'un triangle, avec une population déjà de
plus de soixante-cinq mille habitants. Il est bien à présu-
mer qu'un jour, les constructions continuant à s'y multi-
plier, ce triangle formera une seule ville, la plus populeuse
du département du Nord.

une donation de terres, sises à Tourcoing, à l'abbaye de Saint-Nicolas-des-Près de Tournai.

Le 31 juillet 1477, Tourcoing fut pris par les troupes de Tournai, qui en pillèrent les riches étoffes et détruisirent en partie les fortifications que Charles-le-Téméraire y avait fait construire.

En 1566, Tourcoing, surpris par les hérétiques, fut encore pillé et incendié ; les vainqueurs s'y livrèrent à toutes sortes d'excès, et massacrèrent le curé. Le corps de ce martyr fut retrouvé entier cent ans après sa mort.

Deux autres incendies ravagèrent Tourcoing en 1607 et en 1710. En 1792 cette ville fut dévastée par les armées françaises et autrichiennes ; elle s'est relevée de tous ces désastres.

Tourcoing est une ville bien bâtie, et présente plusieurs constructions fort élégantes ; ses rues sont d'une propreté remarquable. Le commerce de cette ville consiste principalement en laines. Il s'est élevé à Tourcoing, depuis quelques années, des manufactures de tapis dont les produits rivalisent avec ceux des premiers établissements de la France et de la Belgique.

Tourcoing est une des villes qui a le mieux su conserver dans son intégrité la piété de ses pères et les mœurs simples et patriarcales des anciens temps. Ses habitants ont long-temps passé pour être d'une grande naïveté ; mais ils ont toujours assez d'intelligence pour s'enrichir par leur industrie et savoir être heureux par leurs vertus, ce qui est préférable à l'esprit stérile dont on leur a reproché de manquer. Ils ont cependant eu leur grand homme, un nommé Pierre Lemonnier, né parmi eux en 1552 ; il fit le voyage d'Italie et a laissé une description fort estimée des monuments anciens et modernes qui y existaient de son temps.

## DE DOUAI A VALENCIENNES.

# Montigny, Somain, Wallers, St-Amand, Raismes, Anzin, Beuvrages.

Retournons à Douai pour rejoindre la route directe de Bruxelles par Valenciennes. Après Douai, la première station est celle de **Montigny**, village qui a donné son nom à une ancienne et illustre famille. C'était un sire de Montigny qu'Henri IV embrassait quand le couteau de Châtel lui coupa la lèvre inférieure. **Somain** est la seconde station et la station principale ; tous les convois s'y arrêtent ; un embranchement venant de Denain et d'Abson y aboutit. La troisième est **Wallers**, dont il est question dans un diplôme de l'an 1063, par lequel Baudouin de Mons donne à l'abbaye d'Hasnon la dîme de toutes les terres cultivées sur le territoire de ce village.

En 1478, les Français de la garnison de Bou-
chain, mécontents de ce que le village de Wallers
tenait toujours pour la maison de Bourgogne,
sortirent la nuit, au nombre d'environ cent vingt
cavaliers, dans l'intention de mettre le feu à ce
village, espérant le brûler sans opposition ; mais
neuf paysans, retranchés dans une maison, dite
la Goulée, située sur un ruisseau, les arrêtèrent,
prirent le commandant, blessèrent quantité de
ces cavaliers, emmenèrent plusieurs chevaux et
forcèrent les autres à la retraite.

Non loin de Wallers est la petite ville de
Saint-Amand. Quoiqu'elle ne soit pas positivement sur notre route, elle offre trop de motifs
d'intérêt pour que nous n'en disions pas quelque
chose.

Saint-Amand est une jolie petite ville située
sur la Scarpe, et autrefois entourée de murailles.
Son nom primitif était Elno, à cause d'une petite
rivière ainsi nommée qui la traverse. Saint
Amand, évêque de Tongres, ayant fondé en ce
lieu une abbaye de Bénédictins, devenue justement célèbre, cette abbaye, plus importante bientôt que la ville elle-même, lui donna son nom.

De ce riche et magnifique monastère il ne reste
plus que le portail et la tour. Le style en est
original, élégant et riche ; ce portail donne une
grande idée de la splendeur de l'édifice auquel il
appartenait.

Saint Amand avait obtenu ce territoire de Da-

gobert, roi de France, dont il avait baptisé le
fils. Il passa le reste de ses jours dans cette retraite, où il mourut âgé de quatre-vingt-dix ans,
après avoir nommé un coadjuteur pour gouverner
son monastère. Comme il l'avait ordonné, il y fut
inhumé. Les miracles qui s'opérèrent à son tombeau et l'affluence de monde qu'amenaient ces
merveilles, obligèrent bientôt d'agrandir l'église.
On parle aussi de miracles arrivés dans cette
abbaye à l'occasion de plusieurs de ses religieux,
massacrés par les Normands l'an 800.

L'abbé de Saint-Amand était le seigneur tem-
porel et spirituel de cette ville, et comte de Pe-
vèle, ainsi que des huit villages qui en dépendent.
Plusieurs abbés qui ont gouverné ce monastère
ont été commendataires, cardinaux ou évêques.

Les boues et les eaux sulfureuses de Saint-
Amand y attirent tous les ans un grand nombre de
malades, durant la belle saison. Les distractions
prises en commun par cette réunion de personnes
et les promenades qu'offre la forêt de Raismes,
contribuent non moins peut-être que la vertu de
ces eaux au soulagement qu'on y vient chercher.

Le chemin de fer longe le beau village de
**Raismes** et touche à Valenciennes; mais avant
d'y aborder, il décrit une grande courbe pour
contourner la colline d'Anzin, gros bourg, connu
par l'énorme quantité de charbon qu'il fournit à
la Flandre.

Anzin était déjà un village en l'an 877, sous

le règne de Charles-le-Chauve. Ce prince le donna à l'abbaye d'Hasnon, en faveur de sa fille Ermantrude, qui en était abbesse.

Hasnon aant été pillé, saccagé et détruit par les Normands, Anzin passa à différents seigneurs. En 1069, il faisait partie des domaines de Baudouin, comte de Hainaut. Ce prince rétablit Hasnon, et lui donna de nouveau le village d'Anzin qui eut beaucoup à souffrir durant les différentes guerres que les comtes de Hainaut eurent à supporter alors des divers sièges de Valenciennes. Il avait été réuni à la banlieue de cette ville en 1679. Cette commune offrait un assez triste aspect en 1717; mais la découverte et l'ouverture des fosses de charbons, dues au travail et à l'opiniâtre constance de M. Pierre Taffin, y ont ramené l'aisance. Anzin est un des points d'extraction les plus importants en France de ce combustible, aujourd'hui plus utile que jamais. Anzin est devenu un gros bourg, et la compagnie qui exploite ses mines est fort riche et continue à faire des bénéfices considérables.

Avant d'aborder Valenciennes nous touchons à **Beuvrages** où saint Saulve et son compagnon furent massacrés vers l'an 730.

Ivan, sire de Beuvrages, fut grand-bailli de Hainaut en 1351. En 1467 le seigneur de Clary habitait le château de Beuvrages; les bourgeois de Valenciennes le vinrent piller et ruiner, emmenant prisonniers la femme et les enfants de ce seigneur, pour le punir de ce qu'il avait quitté le parti de Marie de Bourgogne, fille de Charles-le-Téméraire, pour embrasser celui de Louis xi. Ce château fut reconstruit peu de temps après. Le maréchal de la Ferté y logea pendant le siège de Valenciennes en 1656. Il appartenait alors au duc d'Aremberg.

Avant la révolution, Beuvrages était surtout remarquable par le séminaire que les archevêques de Cambrai y avaient établi.

# Valenciennes.

Arrosée par l'Escaut, **Valenciennes** présente au-dehors un aspect pittoresque et séduisant, mais en pénétrant dans l'intérieur on est bientôt désillusionné. C'est une ville triste, noire, aux rues étroites, tortueuses et sales, la poussière de charbon paraît mêlée à son sol comme à l'air qu'on y respire. Son climat est brumeux et les canaux fangeux qui la coupent en tout sens contribuent encore à en charger l'atmosphère. Pourtant Valenciennes est une sous-préfecture très-importante, comme ville forte et voisine de la frontière, et comme centre d'un commerce considérable. Les mines de charbon d'Anzin et de Fresnes, ainsi que celles plus récemment découvertes de Douchy, enrichissent un grand nombre de ses habitants qui y ont des intérêts

considérables. Ses batistes et ses dentelles soutiennent leur ancienne renommée. Et les manufactures, particulièrement celles de sucre indi-
gène, établies dans ses environs, y font affluer
de nouvelles ressources. Point central de la route
qui réunit deux capitales qui correspondent fra-
ternellement ensemble, Valenciennes est l'une
des villes qui doivent le plus gagner en importance par l'établissement du chemin de fer du
Nord, qui facilite ces communications.

L'origine de Valenciennes se perd dans des
traditions fabuleuses; suivant la plus répandue
de ces traditions, l'empereur Valentinien 1er, en
366 donna son nom à cette ville [1] qu'il agrandit
et où il détruisit le culte des idoles. Plus tard,
les Francs, sous la conduite de Clodion, ayant
envahi les Gaules Belgiques, nos premiers monarques se construisirent un palais dans cette
cité. Charlemagne, en 771, y vint tenir les Etats-
généraux de la nation. Sur la fin de la seconde
race, pendant les troubles qui eurent lieu alors,
Valenciennes fut érigée en comté et eut ses souverains particuliers, jusqu'en 1051 qu'elle fut
réunie au domaine des comtes de Flandre, par
le mariage de la comtesse Richilde avec Baudouin 1er.

---

[1] D'autres prétendent que plus anciennement encore ce
lieu s'appelait le *Val aux cignes*, et il y a des cignes
dans les armes de la ville.

Ce fut cette Richilde qui fonda à Valenciennes l'église de Notre-Dame la Grande , principale paroisse de la ville, et détruite pendant la révolution. Une misérable grange la remplace. Cette église fut érigée en reconnaissance de la protection miraculeuse dont la sainte Vierge entoura la ville lors de la peste de 1008. Le fléau s'arrêta à une certaine distance autour de la ville ; et cet évènement authentique, consigné dans tous les historiens de Valenciennes, a donné lieu à une procession annuelle qui se fait tous les ans le 8 septembre en mémoire de ce bienfait, hors des murs de la ville. Cette procession dite du *saint cordon*, ne dure pas moins de cinq heures. Un reposoir disposé sur les bords de l'Escaut indique le lieu d'une halte, dont profitent les nombreux fidèles qui prennent part à la cérémonie, pour s'asseoir sur l'herbe , y faire un frugal repas, et renouveler leurs forces pour leur permettre d'achever jusqu'au bout leur pèlerinage. La légende dit qu'un cordon miraculeux marqua la circonscription de l'espace que la peste devait respecter ; ce qu'il y a de certain , c'est que l'on conserve à Notre-Dame un lacet que la tradition du pays indique comme celui qui a été trouvé servant à ce merveilleux usage, et qu'on le porte triomphalement à cette procession dans une châsse très-riche. Toujours est-il qu'on ne peut révoquer en doute le fait consacré de la disparition de cette peste de l'an 1008.

Valenciennes ayant passé, comme nous l'avons dit, sous la domination des comtes de Flandre, passa successivement dans les maisons de Bavière, de Bourgogne et d'Autriche. En 1656, Turenne et le maréchal de la Ferté en firent inutilement le siège. Mais Louis XIV en personne la conquit le 17 mars 1677, après neuf jours de tranchée ouverte. La paix de Nimègue, conclue l'année suivante, lui en assura la possession.

En 1793, Valenciennes fut assiégée par les puissances coalisées, et défendue par le général Ferrand, dont l'armée était fort inférieure en nombre à celle des assiégeants. Après vingt-quatre jours de tranchée ouverte, après avoir repoussé quatre assauts, ayant depuis huit jours trois brèches particables au corps de la place, les Français furent obligés de se rendre. Les habitants de Valenciennes avaient rivalisé de dévouement avec leurs défenseurs. Cette ville fut reprise par capitulation l'année suivante. Après la bataille de Waterloo, elle soutint un autre siège contre les alliés, et ne se rendit qu'à la rentrée de Louis XVIII.

Quoique Valenciennes soit une ville marchande et manufacturière, les lettres et les arts ne laissent pas d'y être cultivés avec succès. Elle s'honore d'avoir [donné] naissance à plusieurs hommes de talent. On cite entr'autres Froissart, le naïf chroniqueur du quatorzième siècle; Jean le Maire, historiographe de Louis XII, Doutreman qui a fait les annales de la ville, et les autres historiens, De la Fontaine et Leboucq ; le peintre Watteau, Abel de Pujol, Lemaire, auteur du fronton de la Madeleine. La célèbre tragédienne Duchesnois est née à Saint-Saulve, faubourg de Valenciennes.

C'était dans une cellule d'un des couvents de Valenciennes, que le moine Jacques de Guise écrivait ses annales du Hainaut. La piété et la science avaient peuplé cette ville et ses environs de monastères qui se sont rendus célèbres. Nous citerons particulièrement l'abbaye des Bénédictins de Saint-Saulve, fondée par Charlemagne en l'honneur du saint du même nom, évêque d'Angoulême, assassiné près de Valenciennes, où il était venu prêcher l'Evangile. L'abbaye de Vicoigne, de l'ordre des Prémontrés, et celle des dames de Fontenelle, de l'ordre de Cîteaux, sont également célèbres, ainsi que celle de Saint-Amand. La bibliothèque de Valenciennes contient de précieux manuscrits provenant de ces divers monastères. Il y avait encore dans cette ville beaucoup d'autres communautés religieuses, le couvent des Récollets se faisait distinguer par la magnificence des tombeaux de plusieurs comtes de Hainaut et de Valenciennes. Dans l'église des Dominicains on voyait la sépulture de Jean d'Avesnes, fils de l'infortuné Bouchard et de Marguerite, comtesse de Flandre, si dure envers les fils nés de sa première et illégitime union.

Baudouin vi , comte de Flandre et de Hainaut ,
et depuis empereur de Constantinople , père de
la comtesse Marguerite et de la bonne comtesse
Jeanne , est né à Valenciennes , ainsi que Henri
son frère et son successeur à l'empire ; Henri
vii , empereur d'Allemagne, et auparavant comte
de Luxembourg , y est né également.

Valenciennes n'offre aujourd'hui aucun monument bien remarquable, si ce n'est l'église Saint-
Géry, encore faut-il en excepter la façade qui a
été reconstruite. L'intérieur est un assez précieux
reste du moyen-âge et mérite une visite.

Comme la plupart des villes de Flandre, Valenciennes avait un de ces beffrois dont avec
raison elles sont fières, et qui font l'un de leurs
principaux ornements. L'inhabileté du directeur
des travaux à faire à la base de ce monument
l'a fait s'écrouler le 7 avril 1843. Il est tombé avec
un fracas épouvantable , en écrasant plusieurs
maisons et quelques malheureux sous ses débris.

En quittant Valenciennes, on touche aux confins de la Belgique. On traverse quelques riantes
prairies arrosées par l'Escaut , on passe au village d'**Onnaing,** et en peu d'instants on arrive
à **Blanc-Misseron ;** c'est la dernière station
française.

# ITINÉRAIRE HISTORIQUE

DU

# CHEMIN DE FER DU NORD.

# ITINÉRAIRE HISTORIQUE

DU

# CHEMIN DE FER DU NORD

De Paris à Lille et à Bruxelles
Par Amiens, Arras, Douai, Valenciennes, Mons,
De Creil à St-Quentin,
D'Amiens à Boulogne
Et de Lille à Dunkerque et à Calais.

DEUXIÈME ÉDITION.

DEUXIÈME PARTIE.

# LILLE

L. LEFORT, IMPRIMEUR - LIBRAIRE.

1852

PROPRIÉTÉ DE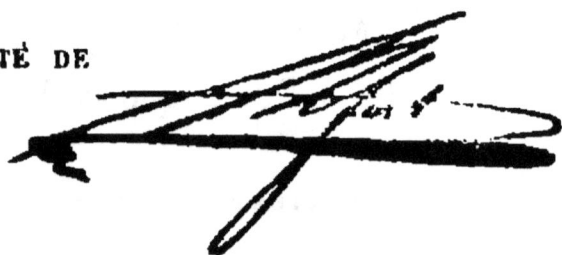

# ITINÉRAIRE HISTORIQUE

## DU CHEMIN DE FER DU NORD.

---

## BELGIQUE.

### DE LA FRONTIÈRE A MONS.

#### Saint-Ghislain.

Voici **Quievrain**, la première station belge. C'est un gros village près duquel s'élève l'ancien château de **Quièvrechain**, situé également sur le territoire belge, quoique le village du même nom appartienne à la France. Nous entrons en Belgique, et nous nous en apercevons aux formalités de la douane et au changement de wagons. La nouvelle administration à laquelle nous avons affaire pour nos billets et nos places est moins sévère, sous certains rapports, que celle de la compagnie du chemin du Nord en France ; sous d'autres, elle l'est davantage : le moindre bagage paie une taxe ; nul voyageur n'a le droit d'être impunément accompagné d'un paquet. La disposition des voitures aussi est différente. Du reste, rien ne révèle à l'œil attentif du voyageur, qu'il

vient de pénétrer dans une autre contrée. C'est
un pays uniforme, plat et cultivé, plutôt pour
l'utilité que pour l'agrément : quelques usines
l'animent. La station de **Tulin** n'a rien de remarquable. Celle de **Boussu** mérite plus d'attention. Ce parc délicieux, que traverse le
chemin de fer, bordé d'une grille digne d'une
habitation royale, appartient au comte de Né-
donchel, après avoir été la propriété du comte
de Caraman. Boussu a aussi des mines de charbon. Parmi les établissements que l'on remarque
sur les collines environnantes, il en est un qui
se distingue entre tous les autres par son étendue, son importance et le nombre des ouvriers
qu'il emploie. L'usine que feu M. Degorges a
fondée à **Hornu**, est à la fois une concession
de mines qui a ouvert de nombreux puits d'extraction, et une fonderie de fer dans les plus
grandes proportions. M. Degorges a été lui-même
l'artisan de sa fortune ; il a commencé par la
misère, et à force d'industrie, de génie même,
il est arrivé à la plus haute position parmi les
industriels. L'esprit de conduite et de probité,
la bonne administration qu'il a déployés dans
son magnifique établissement, lui ont valu l'admiration de ses concitoyens.

Presque en face de Hornu, sur la gauche du
chemin de fer, on aperçoit **Saint-Ghislain**,
petite ville très-ancienne, en grec *Gislenopolis*,
ainsi nommée à cause de la célèbre abbaye de

Bénédictins, fondée par saint Ghislain, ami particulier de saint Amand, et apôtre du Hainaut. Ce saint était grec de nation, et passe pour avoir été évêque d'Athènes. Il commença en 637 son monastère, qu'il appela la *Celle St-Pierre*. Le lieu où fut bâti ce monastère se nommait primitivement *Ursigondus*. Dagobert Iᵉʳ, roi de France, lui avait donné ce terrain avec le village de Hornu et d'autres biens. Les miracles que Dieu opéra au tombeau de ce saint, attirèrent un grand nombre d'habitants autour de cette abbaye.

L'empereur Charlemagne en augmenta beaucoup les revenus, en considération de l'abbé saint Eléphas, qui était son parent. Il y fit bâtir une église magnifique, donnant en même temps à l'abbé la seigneurie temporelle et spirituelle de la ville, et il a long-temps porté le titre de primat du Hainaut. On a, de tout temps, nourri, dans ce monastère, un aigle et un ours, en mémoire de ce que Dieu s'était servi de ces animaux pour indiquer au saint fondateur le lieu où il devait bâtir cette maison de prière.

Les religieux de Saint-Ghislain ont embrassé la réforme du Mont-Cassin l'an 1642. Leurs richesses n'étaient pas stériles, entre autres bons emplois qu'ils en faisaient, un hospice pour les malades était annexé à leur maison. Ils ont fait magnifiquement rebâtir leur église en 1714.

Le roi Louis XIV assiégea en personne la ville de Saint-Ghislain, et, après sept jours de tran-

chée ouverte, il s'en rendit maître le 25 août 1655.
Un magasinier français, qui était d'intelligence
avec les Espagnols, y fit sauter deux magasins à
poudre l'année suivante, le 7 février. Les Espagnols, profitant du désordre occasionné par cet
évènement, devaient venir attaquer la ville ; mais
ils arrivèrent trop tard. Tous les bâtiments de
l'abbaye furent ruinés par le fracas des poudres,
ainsi que la plupart des maisons de la ville. Don
Juan d'Autriche la reprit, le 21 mars 1657, après
sept jours d'un siège soutenu par le comte de
Schomberg. Les Français s'en rendirent encore
maîtres à la faveur des glaces, le 10 décembre
1677, sous le maréchal d'Humières, après dix
jours d'attaque, et la garnison, forte de 1,100 hommes, sortit avec armes et bagages. Les Français
rendirent cette ville aux Espagnols par la paix de
Nimègue, après en avoir rasé les fortifications.

Aujourd'hui Saint-Ghislain ne se recommande
à l'attention du voyageur que par la beauté de
sa position et le charme de ses environs.

## Jemmapes.

Qui n'a entendu parler de **Jemmapes !**
Autrefois village obscur ; aujourd'hui célèbre par
la victoire de l'armée française, commandée par
le général Dumouriez en 1792. Les Autrichiens,
quoique supérieurs en nombre, furent contraints
de plier. Là on vit aussi deux héroïnes, les

demoiselles Fernig, servir d'aides-de-camp au
général en chef et affronter tous les dangers pour
transmettre ses ordres. Après de telles illustrations, Jemmapes ne pouvait manquer de sortir
à tout jamais de son obscurité. Son nom avait
été donné, sous l'empire, au département dont
le chef-lieu était Mons. Le passage du chemin de
fer achève de le rendre populaire.

Voici le superbe canal de Mons, œuvre de Napoléon, alors que la Belgique appartenait à la
France. Les bords de ce canal sont encombrés de
masses énormes de charbon de terre. On sait
que ce pays en fournit considérablement.

## Mons.

Ancienne capitale du Hainaut, **Mons,** en latin
*Montes Hannoniæ*, justifie parfaitement son nom ;
aucune ville n'est plus montueuse. Située sur le
penchant d'une montagne, elle forme comme une
pyramide dont une superbe tour, dite le *château*,
et bâtie par les Espagnols, au sommet, forme la
pointe. L'embarcadère où nous sommes étant situé
au bas de cette montagne, je vous invite à prendre
la peine de la gravir à pied ou en voiture, car les
monuments de Mons valent la peine d'être visités.

Dans l'origine et du temps de Jules César,
Mons se nommait *Castri-locus*. Ambiorix, roi
des Eburons, assisté des Nerviens, y vint assiéger Quintus Cicéron, frère du célèbre orateur

du même nom, qui y commandait une légion romaine; les assiégeants furent défaits par César, cinquante ans avant la naissance du Sauveur. C'est sur l'emplacement de cet ancien château qu'existe l'élégante tour que nous admirons aujourd'hui, et qui a été construite en 1660, en remplacement d'une plus ancienne qui s'était écroulée. Cette tour, dont s'enorgueillissent à justre titre les Montois, est un monument d'une grande élégance. Ses remplis de briques se marient d'une manière pittoresque avec les pierres chaudement coloriées qui les encadrent et forment de riches colonnes corinthiennes, de sweltes balustrades et de somptueux encadrements.

Mons était célèbre par son illustre chapitre de chanoinesses de sainte Waudru ou plutôt *Waldetrude*. Cette sainte était sœur de sainte Aldegonde. Leur père était le comte Walbert, issu du sang royal de la race mérovingienne, et leur mère, nommée Bertile, descendait des rois de Thuringe. Waldetrude épousa saint Vincent dit Maldegaire, que l'on a cru mal-à-propos le premier comte de Hainaut. Ces nobles époux, qui vivaient au VII<sup>e</sup> siècle, eurent quatre enfants également vénérés comme saints : Landry, qui devint abbé de Soignies; Adeltrude et Madelberte, toutes deux abbesses de Maubeuge; et Dentelin, mort en bas-âge. Dans ces siècles pleins de foi et féconds en sainteté, il n'était pas rare de voir d'illustres personnages, appréciant à leur juste valeur les biens terrestres, se démettre de leur puissance et quitter le monde pour se donner tout à Dieu; c'est ce que firent sainte Waldetrude et son époux qui se retirèrent, lui, dans le monastère de Soignies qu'il avait fait bàtir, elle dans celui qu'elle avait fondé à Mons en l'honneur de la sainte Vierge, et a été connu depuis sous le nom de Sainte-Waudru. Plusieurs nobles et saintes demoiselles suivirent l'exemple de leur princesse, et elles adoptèrent, à ce que l'on croit, la règle de saint Benoit, sous les auspices de saint Aubert, évêque de Cambrai, et de l'abbé saint Ghislain. On était alors en 650, Waudru mourut trente-six ans après, laissant le gouvernement de son monastère à sa cousine sainte Aye, épouse de saint Hidulphe, lesquels avaient succédé à Vincent et Waudru comme comtes de Hainaut, et qui paraissent aussi avoir été héritiers de leurs vertus.

Quelle famille de saints! quel siècle!

Sigebert, roi d'Austrasie, combla de bienfaits le monastère fondé par Waudru. Quelques siècles plus tard, la destination de cette maison fut changée, elle devint un chapitre de trente chanoinesses. Les familles nobles tenaient à grand honneur d'y faire admettre quelqu'une de leurs filles; toutes n'y pouvaient pas prétendre, il fallait pour cela faire preuve de seize quartiers de noblesse. Elles demeuraient dans des maisons particulières autour de l'église : au temps des offices elles portaient des robes blanches avec des fraises

empesées, et un manteau noir doublé d'hermine.
Le reste du jour elles portaient des habits sécu-
liers. Il leur était permis de se marier, si bon
leur semblait.

L'église de Sainte-Waudru, telle qu'on la voit
à présent, fut achevée l'an 1449. Elle dit peu de
choses, surtout étant entourée de rues fort étroites
qui ne permettent pas à l'œil de l'apercevoir en
entier ; mais quand on pénètre dans l'intérieur,
on est frappé d'admiration. Les siècles lui ont
laissé son antique cachet, et ses sculptures ont
conservé toute leur perfection. C'est bien là l'é-
glise gothique, l'église qui invite au recueillement
et à la prière. On y remarque particulièrement
un tombeau avec la figure d'un cadavre rongé
de vers, qui est d'un travail achevé ; comme
aussi le jubé, orné de plusieurs statues de marbre
parmi lesquelles on estime surtout les quatre
vertus cardinales et une résurrection. La plupart
des autels et des chapelles sont de marbre et de
jaspe. A droite des bas côtés du chœur, on doit
remarquer trois chapelles ornées de rétables en
bois où l'art gothique a déployé ses plus délicates
sculptures ; d'autres chapelles datent du milieu
du seizième siècle, leurs ornements sont plus
massifs, mais leurs robustes colonnes torses for-
mées des marbres les plus précieux, et les plus
opulents chapiteaux de bronze doré qui les surmontent, ont assurément beaucoup de noblesse
et de magnificence.

Il faut voir avec quel soin particulier les montoises rivalisent de zèle pour surorner leur riche église, lors du mois de Marie! que de fleurs rares, que de dentelles! Un dais blanc et bleu s'élève jusqu'aux voûtes du temple au-dessus de l'effigie de la Vierge, et retombe autour d'elle en plis majestueux. La musique répond à cette magnificence, et les échos de cette église retentissent alors des plus beaux chants, qu'offrent des voix fraîches et pures à la patronne de l'humanité souffrante.

L'église de Sainte-Elisabeth n'a jamais eu l'importance de Sainte-Waudru; néanmoins elle est digne de l'attention du voyageur.

L'hôtel-de-ville de Mons orne la place principale de cette ville. C'est un monument précieux du quinzième siècle, conservé avec tout le soin que l'on apporte à tout en Belgique. Deux maisons à pignons, œuvres du siècle suivant, flanquent ses deux côtés et ajoutent à l'effet pittoresque de ce côté de la place, qui est vaste et régulière; de belles maisons s'élèvent sur les trois autres faces et forment un tout noble et imposant.

Mons a souffert plusieurs fois les tristes effets de la guerre. L'an 1572, Louis, comte de Nassau, frère de Guillaume, prince d'Orange, surprit cette ville le 24 mai, étant assisté des huguenots de France, et de quelques soldats travestis en marchands de vins, qui s'étaient assurés d'une porte à l'aube du jour.

Frédéric de Tolède, fils du duc d'Albe, y vint mettre le siège le 23 juillet suivant, et la reconquit au roi d'Espagne le 19 septembre, malgré la vigoureuse résistance du comte de Nassau et les efforts du prince d'Orange pour le soutenir.

A **Saint-Denis,** près de Mons, eut lieu en 1678 la fameuse bataille de Saint-Denis entre un autre prince d'Orange, Guillaume III, qui fut depuis roi d'Angleterre, et le maréchal de Luxembourg; ce dernier fut vainqueur. Le roi Louis XIV vint lui-même faire le siège de Mons en 1691. Le même maréchal de Luxembourg commandait l'armée d'observation. La tranchée fut ouverte le 24 mars, et le gouverneur, prince de Berghes, fut obligé de se rendre le 9 avril, après que la plupart des maisons eurent été renversées par les bombes. La garnison sortit le 10, au nombre de trois mille cinq cents hommes, avec deux cent quatre-vingts officiers, et fut joindre l'armée du roi Guillaume III, qui était venu camper à Hal, dans le dessein de faire lever le siège. Cette place fut rendue à l'Espagne l'an 1697 par le traité de Ryswyck.

L'électeur de Bavière, ayant quitté le Brabant et la Flandre l'an 1706, vint tenir sa cour à Mons jusqu'en 1709, que le prince Eugène de Savoie et le duc de Marlborough, commandant les armées alliées, détachèrent le 3 septembre le prince de Hesse avec quatre mille hommes pour investir cette ville. Toute l'armée alliée suivait, dans l'intention d'en faire le siège. Celle de France, sous le maréchal de Villars, vint camper à Blangies et à Malplaquet, à dessein de l'empêcher. Le 11, il s'y donna une bataille des plus sanglantes ; elle commença à huit heures du matin et ne finit que vers les quatre heures de l'après-midi.

Les alliés forcèrent à la fin les retranchements des Français dans les bois ; mais ce ne fut qu'après un massacre de plus de vingt-cinq mille hommes de part et d'autre. Les bataillons des alliés, qui avaient attaqué les premiers, furent si mal reçus qu'on les voyait sur le champ de bataille couchés en rangs. Les Hollandais y souffrirent le plus ; mais enfin le maréchal de Villars ayant été dangereusement blessé, il fallut bien que les Français cédassent le champ de bataille ; ils se retirèrent en bon ordre, et les alliés poursuivant leur victoire mirent le siège devant Mons, qui se rendit par capitulation. Les Hollandais y retinrent le gouvernement militaire jusqu'en 1716. Ils en sortirent alors pour faire place aux troupes autrichiennes, conformément au traité de la Barrière.

En 1746, Mons fut investi, le 6 juin, par l'armée du roi de France, commandée par le prince de Conti. La tranchée fut ouverte le 18, et la garnison capitula le 10 juillet. Le traité d'Aix-la-Chapelle rendit cette ville à ses anciens maîtres jusqu'à la révolution de 1789 où elle partagea le sort commun à toutes les villes de la Belgique.

# Soignies, Braine-le-Comte.

En sortant de Mons, le chemin de fer décrit une assez grande courbe. On passe par un bois touffu et par une plaine émaillée d'habitations et d'usines; on arrive à la station de **Jurbise** et bientôt à celle de **Soignies** qui mérite plus d'attention. Là passe la route de Valenciennes à Bruxelles, qui traverse le chemin de fer par un passage à niveau.

On croit que la ville de Soignies (en latin *Senogiæ*) tire son nom comme son origine des Senonais, peuples de la Gaule celtique.

Nous avons dit que sainte Waudru, quittant le monde pour se consacrer à Dieu, y avait été autorisée par la disposition que manifestait son époux saint Vincent, pour embrasser aussi la vie monastique. Après avoir fondé l'abbaye d'Haut-mont, près de Maubeuge, dont il laissa la conduite à son fils Landry, depuis évêque de Meaux, ce seigneur devint abbé et fondateur, l'an 650, d'un nouveau monastère à Soignies, où il mourut l'an 670. Les Huns ayant détruit ce monastère l'an 960, saint Brunon, archevêque de Cologne, commissaire apostolique pour régler le rétablissement des églises ruinées par les barbares, fit rétablir celle de Soignies en 965, et changea aussi le monastère en chapitre séculier. Cette

église, toujours sous l'invocation du même saint
Vincent, est le seul objet d'intérêt qu'offre la
ville de Soignies. On y conserva encore les reliques de ce saint et de son fils, saint Landry.
Que l'apparence rustique de cette église ne vous
induise pas en erreur, cet extérieur modeste re-
cèle de grandes beautés. En y entrant, vous serez
d'abord séduits par sa propreté minutieuse et la
recherche avec laquelle ses ornements sont en-
tretenus. La chaire est une belle œuvre de sculpture, et les tambours qui entourent les portes
sont ornés de figures de demi-ronde bosse d'une
magnifique exécution. Dans cette église règne une
vive clarté qui ne nuit aucunement à leur aspect
religieux.

Le chœur est séparé de l'église par une mu-
raille couverte d'ornements. On pénètre dans ce
sanctuaire caché par une porte de bronze sculptée,
et quand on l'a franchie, on jouit de la vue du
plus beau chef-d'œuvre de sculpture sur bois
qu'ait produit la renaissance. Ce sont des statues
datées de 1635, qui couvrent les murs de trois
côtés; elles sont dignes d'exciter l'admiration par
la variété et la recherche des détails et le parfait
de l'exécution. Les plus opulentes cathédrales en-
vieraient ce riche et précieux ornement à l'église
de la petite ville de Soignies qui devait être érigée
en évêché en 1695, à cause des guerres conti-
nuelles qui empêchaient la communication de la
partie du Hainaut sujette au roi d'Espagne, avec

l'archevêque de Cambrai ; la pacification qui suivit fit renoncer à ce projet.

, La belle carrière de pierres dures qui existe dans les environs de Soignies est une grande source de richesses pour ses habitants, surtout à présent que le chemin de fer facilite le transport de ce produit.

La route n'offre rien de remarquable de Soignies à **Braine-le-Comte.** Bientôt cette petite ville montre au voyageur son modeste clocher. Sans partager l'opinion hasardée qui fait dériver son nom de Brennus, chef gaulois, on peut dire que cette ville est fort ancienne. Au même endroit où est aujourd'hui son église paroissiale de Saint-Géry, s'élevait une antique forteresse qu'on disait bâtie au temps de Jules-César, et dont une épaisse tour subsistait encore tout entière en 1677. Le duc de Villahermosa, général espagnol, la fit sauter à cette époque, de crainte que les Français ne s'en emparassent.

Braine-le-Comte, qu'il ne faut pas confondre avec Braine-l'Alleud et Wautier-Braine a eu des seigneurs qui ont fait figure au moyen-âge, et fut le lieu de naissance d'un fameux théologien de l'université de Douai, François du Bois, connu sous le nom de Sylvius, auteur de plusieurs ouvrages fort estimés. Né en 1581, il est mort en 1649, regretté des savants et avec la réputation d'un saint.

Le tunnel de Braine-le-Comte est bientôt traversé, et nous sommes dans une riante campagne. Voici la **Genette**, village où mourut après vingt-huit ans d'exil Jean-Baptiste Rousseau, le poète lyrique dont les odes méritent d'être estimées plus que le caractère. Voici la station de **Tubise,** grand village, qui n'offre du reste rien à remarquer, de même que **Lembech,** que l'on rencontre ensuite.

## Hal ou Halle.

Quelle jolie petite ville! C'est un véritable joyau flamand. On dit qu'elle tire son nom des halles qu'on y avait construites pour les marchandises qu'on transportait du Brabant en Hainaut; elle est située sur les confins de ces deux provinces, et traversée par la rivière de Senne. Autrefois cette ville était fortifiée et entourée de beaux remparts qui furent rasés en 1677.

L'image miraculeuse de Notre-Dame de Hal, qui attire un grand nombre de pèlerins a contribué à rendre cette petite ville célèbre. On dit que cette vierge avait appartenu à sainte Elisabeth.

Ce n'est pas la beauté de cette image qui en fait la célébrité; elle est en bois et d'un travail peu élégant. Mais il paraît que Dieu a opéré en ce lieu une foule de miracles, par l'intercession de la sainte Vierge, miracles consignés par le célèbre historien Juste Lipse, qui en a fait le récit dans un livre intitulé : *Diva Hallensis Virgo.*

En 1580, un impie, nommé Jean Zwich, prenant part au siège qu'Olivier du Temple, gouverneur de Bruxelles, faisait de la ville de Hal pour la démembrer du Hainaut, chantait victoire à l'avance, et se vantait impudemment qu'il irait de ses propres mains couper le nez à l'image de Notre-Dame; mais ce propos sacrilège trouva une punition méritée et une balle d'arquebuse vint enlever le nez au blasphémateur.

Pendant la même expédition, un autre soldat ayant encore surpassé cet homme en insolence par ses propos blasphématoires, en reçut le juste châtiment par un boulet de canon qui lui fracassa la mâchoire. En vengeant la dignité de sa sainte Mère, Dieu, toujours plein de bonté, même en ses châtiments, laissa à ce malheureux le temps de rentrer en lui-même, avant que la vie ne l'abandonnât.

Si les annales de Notre-Dame de Hal témoignent des punitions terribles infligées à ceux qui ont si outrageusement insulté à son pouvoir et à sa bonté, elles sont pleines aussi des marques les plus touchantes de sa miséricorde, et les nombreux témoignages de reconnaissance qui ornent ce lieu privilégié en sont une preuve. La chapelle de Notre-Dame est ornée d'*ex-voto* d'une grande richesse, que plusieurs rois et princes souverains y ont déposés aussi bien que le peuple, comme expression de leur gratitude. C'était le lieu ordinaire de dévotion des archiducs Albert et Isabelle. L'archiduchesse Marie-Elisabeth , autre gouvernante des Pays-Bas , y était aussi très-assidue. Aucun lieu de pèlerinage ne compte un si grand nombre d'offrandes. On y voit entre autres dons précieux un ostensoir en vermeil , d'un poids considérable, présent de Henri VIII , roi d'Angleterre, peu de temps avant qu'il se séparât de l'Eglise romaine.

Le premier dimanche de septembre, jour de la kermesse de Hal, on y fait en l'honneur de la sainte Vierge , une procession qui a beaucoup de solennité et où accourent des députations des villes et bourgades voisines.

En quittant Hal, qui n'est qu'à trois lieues de Bruxelles , nous apercevons à droite les villages de **Buysenghem** et d'**Eysenghem,** nous passons les stations de **Loth** et de **Buysbroeck,** nous admirons les ravissantes campagnes de **Forest** et celle de **Cureghem,** où se trouve une école royale vétérinaire, et nous sommes avertis que nous arrivons au terme de notre course par l'aspect de la flèche de l'hôtel-de-ville de Bruxelles et les sommets des tours de Sainte-Gudule qui se dessinent à l'horizon. Enfin , nous franchissons les fossés de la ville, le boulevard de France, et nous abordons à l'embarcadère du chemin de fer *du midi* de Bruxelles, après nous être embarqués sur celui *du nord* à Paris.

# Bruxelles.

L'obscurité qui entoure et l'origine de **Bru-xelles** et l'étymologie de son nom, ne permettent pas d'en rien dire de bien certain. On sait que saint Géry, évêque de Cambrai et d'Arras, qui mourut en 619, était venu prêcher l'Evangile aux peuples de ce pays, lesquels étaient alors dispersés dans les bois et les bruyères. Il y a apparence qu'il y fonda la chapelle qui devint une église considérable sous son invocation, car cette église, la plus ancienne de Bruxelles, remonte à des temps très-reculés.

Au commencement du huitième siècle, mourut sainte Gudule, la célèbre patronne de Bruxelles. Elle était fille du comte Witger et de sainte Amelbergue ou Amalberge, nièce de Pépin de Landen, qui fut le premier duc de Brabant, dont Bruxelles devint la capitale. Sainte Gertrude, fille de ce Pépin, était marraine de la jeune Gudule et se chargea de son éducation au monastère de Nivelles, dont elle était abbesse. Après la mort de cette parente, sainte Gudule retourna au château de ses parents situé près de Morzeele entre Alost et Dendremonde, et y mena la vie édifiante d'une vierge chrétienne. Au dixième siècle, le corps de cette sainte fut transféré à Bruxelles dans l'église Saint-Géry. Cette capitale future n'était encore alors qu'un bourg, autour duquel étaient groupés sept hameaux ayant chacun leur seigneur particulier, lesquels ont été la souche des sept familles patriciennes parmi lesquelles Bruxelles choisissait ses magistrats.

Vers le milieu du onzième siècle, ces sept hameaux, formant sept différents quartiers, furent réunis en une seule ville qu'on entoura de fortifications et de murailles avec sept différentes portes. A dater de cette époque, Bruxelles eut quelque importance. Lambert, comte de Louvain et de Bruxelles, fit alors rebâtir sur un plan plus vaste l'église de Saint-Géry, et il en fit construire une autre en l'honneur de sainte Gudule, où furent transférées les reliques de cette sainte princesse, qui, ayant opéré plusieurs miracles pendant sa vie, en fit encore beaucoup après sa mort; ce qui explique la ferveur du culte qu'on lui rendait à Bruxelles.

Henri 1.er, duc de Brabant, soumit, en 1201, toutes les églises ou chapelles de Bruxelles à la juridiction de l'église ou du chapitre de Sainte-Gudule. A cette occasion il nomme toutes celles qui subsistaient alors, elles étaient au nombre de sept. Il en était de même des places ou marchés de cette ville. Etrange coïncident que celle de ce nombre sept partout répété, qui paraît consacré dans cette ville.

L'histoire de Bruxelles fait mention d'un épouvantable sacrilège, commis par des juifs, sur la personne du Sauveur dans le saint Sacrement, et du miracle qui eut lieu à cette occasion. Le seul fait de ce sacrilège, sans compter le miracle, pourrait servir à prouver la présence réelle de Notre-Seigneur dans l'hostie consacrée , car un objet inanimé n'inspire pas tant de fureur. Un riche juif d'Enghien, nommé Jonathas, possédé de l'abominable désir d'insulter Jésus-Christ dans son divin Sacrement, gagna à prix d'or , un de ses anciens coreligionnaires nouvellement et bien faiblement converti au christianisme. Ce nouveau Judas trouvait le moyen de s'introduire la nuit dans une église de Bruxelles et d'y dérober seize hosties consacrées parmi lesquelles il y en avait une grande. L'instigateur de cet attentat rassembla sa famille et ses amis , et tous renouvelèrent contre la personne du Sauveur, voilée sous les apparences du pain , les horreurs dont leurs ancêtres s'étaient rendus coupables contre lui, au temps de sa vie mortelle.

Quelque temps après, Jonathas périt misérablement dans son jardin, et son fils prit la fuite. Sa veuve , effrayée de cette catastrophe , porta les saintes hosties à Bruxelles , et les remit entre les mains des Juifs de cette ville, lesquels assouvirent aussi sur elles leur rage , un jour de vendredi saint , au milieu de leur synagogue. Ils poussèrent la frénésie jusqu'à les frapper de coups de poignard ; mais, ô merveille !... ils en virent sortir des gouttes de sang. Epouvantés et terrassés de ce prodige, ils se confièrent à une femme nommée Catherine qui avait été juive, mais qui s'était fait chrétienne depuis peu, et lui promirent vingt *moutons* (pièces) d'or pour qu'elle portât les saintes hosties à Cologne, où demeuraient un grand nombre des leurs.

Cette femme, réellement touchée de la grace et d'ailleurs frappée d'une religieuse terreur au récit de circonstances si étranges, en fit part à un ecclésiastique et lui remit les saintes hosties. Le fait fut examiné, vérifié, et les coupables auteurs de ce crime monstrueux furent punis publiquement, comme il était d'usage alors pour les sacrilèges et les blasphémateurs. Tous moururent dans l'impénitence ; mais plusieurs juifs, témoins du crime et du fait miraculeux qui en était résulté, se convertirent à cette occasion.

On célèbre à Bruxelles, une fête annuelle en l'honneur de ces miraculeuses hosties, dont trois sont conservées avec vénération dans l'église de Sainte-Gudule. On a attaché à l'ostensoir qui les contient sept des *moutons* d'or donnés en salaire au voleur.

La maison où les juifs tenaient leur synagogue fut, peu d'années après, érigée en chapelle.

Vers cette époque, la ville s'agrandit considérablement ; elle s'embellit aussi ; et, le duc de Bourgogne, Philippe le Bon, à qui appartenaient alors les Pays-Bas, tint sa cour à Bruxelles. Cette cour égalait en magnificence celle des plus grands rois. Un tournoi superbe y eut lieu avec plusieurs autres divertissements en 1444. Deux cent cinquante princes et gentils hommes y coururent la lance, et des fontaines de vin coulèrent sur la place publique, convertie en jardin.

L'année 1553 est remarquable par le grand nombre de têtes couronnées qui se trouvèrent logées ensemble à la cour de Bruxelles. Il y en avait sept. C'étaient Charles Quint, empereur et roi d'Espagne ; son fils Philippe, alors roi de Naples ; Eléonore, reine de France, veuve de François I<sup>er</sup>; Marie, reine douairière de Hongrie, gouvernante des Pays-Bas ; toutes les deux sœurs de Charles Quint ; Marie sa fille, avec son époux Maximilien, archiduc d'Autriche et roi de Bohême ; enfin, Muley-Hassem, roi de Tunis. Un même arbre les rassembla sous son ombrage à Groevendael, dans la forêt de Soignies.

C'est à Bruxelles, qu'en l'an 1556, l'empereur Charles v dans sa vieillesse, se démit publiquement de l'empire et de toutes ses autres dignités, pour passer le reste de sa vie agitée dans une sainte retraite qui lui semblait alors préférable aux charges onéreuses de ce monde.

Le gouvernement de l'infante Isabelle et de l'archiduc Albert fut pour le Brabant un cri de bonheur. Leur premier soin, après avoir pris possession de ce gouvernement, fut d'assembler à Bruxelles les états des provinces pour délibérer sur les moyens de remédier aux maux causés par les guerres et les troubles civils qui avaient désolé le pays pendant plus de trente ans.

Au mois de juillet 1631, Bruxelles reçut dans ses murs la reine Marie de Médicis, mère de Louis XIII, et son second fils, Gaston d'Orléans, frère du même roi, qui vinrent s'y réfugier ; on leur fit une réception magnifique. En 1654, la reine Christine de Suède y vint à la suite de son abdication, et y abjura le luthéranisme la nuit de Noël en présence de l'archiduc Léopold.

En 1695 Bruxelles fut bombardée par les Français sous la conduite du maréchal de Villeroi. En 1746 l'armée française sous la conduite du maréchal de Saxe, assiégea et prit cette ville. Louis XV la posséda trois ans, après quoi cette ville rentra sous la domination de l'Autriche. L'empereur Joseph II visita cette ville en 1781. C'était la première fois depuis la mort de l'infante Isabelle que Bruxelles recevait dans ses murs la personne de son souverain.

Réunie à la France sous l'empire, Bruxelles, comme toute la Belgique, souffrit impatiemment depuis le joug des Hollandais. C'est dans son sein que par suite de la révolution de juillet 1830, éclata en septembre suivant l'insurrection belge dont les résultats furent la constitution du royaume de Belgique.

Entr'autres monuments de Bruxelles, il faut visiter le palais du prince d'Orange, encore orné des riches meubles qu'il fut obligé d'abandonner précipitamment. On recommande à l'attention des voyageurs l'hôtel-de-ville, monument extrêmement remarquable du quinzième siècle, surmonté d'une magnifique tour; le théâtre de la monnaie, la bibliothèque royale, qui comprend la riche collection de manuscrit des anciens ducs de Bourgogne. Le parc, le jardin botanique, le chateau de Laeke situé près de la ville et résidence du roi, l'église Saint-Jacques de Candenberg autrefois paroisse de la cour, et par-dessus tout l'église de Sainte-Gudule et sa magnifique chapelle du Saint-Sacrement dite des Miracles,

Plusieurs princes souverains sont enterrés dans cet église, entr'autres l'archiduc Albert, ainsi que sa femme Isabelle d'Espagne, fille de Philippe n, et le prince électoral de Bavière, mort en 1699.

C'est dans le chœur de cette église qu'on a tenu deux chapitres de l'ordre de la Toison d'or, l'un en 1435, l'autre en 1516. Charles-Quint y conféra cet ordre à François Ier roi de France.

Parmi le grand nombre d'établissements religieux dont la piété de ses princes avait doté Bruxelles, il en était un particulièrement curieux qui subsiste encore; c'est le Béguinage, fondé, dit-on par sainte Begge, fille de Pépin de Landen, ce premier comte de Brabant, d'autres disent par Lambert le Bègue qui mourut en 1117. Cet établissement ressemblait à une petite ville, on y voyait plusieurs belles rues; chaque béguine y avait sa demeure. Leur nombre ordinaire était de sept à huit cents, chacune y gouvernait son bien, elles faisaient un vœu de chasteté conditionnel à leur séjour dans la maison, et pouvaient en sortir pour se marier. Il y a beaucoup de béguinages de ce genre dans les différentes villes de Belgique. Ces maisons ont l'avantage d'offrir un asile convenable et une douce existence à des femmes sans fortune, mais de condition honorable.

Nos pères étaient plus larges dans l'exercice de leur charité que nous ne le sommes aujourd'hui; la bienfaisance publique fait de grands et louables efforts pour tirer les malheureux de la misère et de la dégradation; mais on n'en fait guère pour empêcher d'y tomber des personnes à qui l'éducation et l'habitude ont donné une plus grande part de nécessités, sans qu'elles aient le moyen de les satisfaire. Certes, c'était une belle œuvre de leur tendre la main, de les préserver du besoin et de la honte!

# LIGNE DE CREIL A St-QUENTIN.

—◇—

## Pont-Ste-Maxence.

Située dans une position des plus pittoresques, cette petite ville paraît remonter à une très-haute antiquité. On croit que c'est la *Litanobriga* [1] des Romains, nom dérivé de deux mots celtiques dont le deuxième signifie un pont. On y voit effectivement les ruines d'un pont construit sur l'Oise par les Romains, ce que prouvent des médailles trouvées dans l'une de ses piles.

Le nom actuel de cette ville lui vient d'une jeune vierge chrétienne, Maxentia, qui y reçut la couronne du martyre avec Bardaus, son serviteur, et Rosalie, sa suivante. On montre encore le lieu de son supplice sur la route de Senlis, à l'endroit où se trouve une chapelle sous son invocation auprès d'une fontaine.

**Pont-Ste-Maxence** portait déjà son nom chrétien dès le temps de Chilpéric. L'auteur des gestes de nos rois de la première race dit qu'à la

[1] Selon d'autres, *Litanobriga* serait Creil sur l'Oise ou Verneuil au nord de Creil.

mort de ce prince, Ebroïn vint à Ste-Maxence, tua les gardes du pont et passa du côté d'Amiens.

Charles le Chauve fit présent de Pont-Ste-Maxence à l'abbaye de Saint-Denis ; elle fut réunie à la couronne sous Philippe-Auguste. Le roi Robert paraît y avoir possédé une maison de campagne.

Les Anglais s'emparèrent de cette ville en 1359, pendant le temps des guerres civiles.

En 1434, elle fut prise par Guilbon de Ferrière, qui en était capitaine.

Pendant les guerres de la ligue, vers la fin de 1588, elle tomba au pouvoir des ligueurs.

Outre la colline, les rochers et les bois qui l'avoisinent, Pont-Ste-Maxence offre à la curiosité des voyageurs son beau pont sur l'Oise, qui passe pour un des plus remarquables de ceux que la France doit à Perronet, habile ingénieur sous Louis xv.

En somme, Pont-Ste-Maxence est une riante et jolie ville, dont la population s'élève à environ 3,000 habitants.


# Verberie.


Encore un des plus charmants points de vue échelonnés sur la route du nord. Nommée par les géographes tantôt ville, tantôt bourg, **Verberie.** dont la population n'excède pas 2,000

ames, peut prétendre à une haute antiquité. Les
plus anciens noms qu'on trouve dans les manuscrits, sur les documents échappés aux ravages
des barbares, sont ceux de *Vermbria* et *Verbria;*
*Vermeria*, *Wurembria* et *Verberiacum*, sont plus
récents. On trouve aussi *Verimbrea publica.*

Verberie était déjà une maison royale du temps
des rois mérovingiens. Pépin et Charlemagne
y firent de longs séjours, et il y a plusieurs
chartes de Charles le Chauve, qui sont datées
de ce lieu, et qui nous font connaître qu'il y
demeurait souvent. Ethelwulfe, roi d'Angleterre,
revenant de Rome, y épousa Judith, fille de ce
roi de France, le premier octobre de l'an 856.
Hincmar, archevêque de Reims, leur donna la
bénédiction nuptiale. Les prières qu'il prononça
ont été conservées. Elles prouvent qu'on ten-
dait le voile sur les époux, qu'on passait un
anneau au doigt et qu'on faisait un présent.

Pépin assembla un concile à Verberie. Au mois
d'août 853, on y tint le synode de Soissons,
convoqué par Charles le Chauve. Un autre concile y fut tenu l'an 869. Le roi Eudes, en 892,
y convoqua l'assemblée des grands de la nation.

Les Normands, s'étant rendus maîtres de cette
maison royale, la dégradèrent, sans néanmoins
la détruire, car des actes prouvent qu'elle subsistait encore en 1028.

Verberie paraît avoir eu son premier emplacement sur la montagne, vers la Borde, au de-là de la

chaussée de Brunehaut, dans l'endroit appelé Mal-Assise. C'était un des douze bourgs du premier royaume de Soissons, échu à Clotaire dans le partage des enfants de Clovis. « Les anciens titres, dit un historien [1], nous apprennent que la surface de ce terrain a long-temps été couverte de ruines. Les laboureurs y ont trouvé d'anciennes monnaies de tout métal, des vases de fer de figures singulières.... Ces ruines ont fourni de pareils monuments pendant près d'un siècle ; Verberie s'étendait sur la montagne jusqu'à Fay, comme l'indiquent les puits, les aqueducs et les fondations qu'on trouve sur cette étendue en plein champ. Dans la vallée, les habitations bordaient la montagne depuis Rhuys jusqu'à Saintines. »

On a une description intéressante du palais que Charlemagne avait fait construire à Verberie ; en voici l'extrait :

« Le palais de Charlemagne, à Verberie, avait son aspect au midi : les édifices s'étendaient de l'orient à l'occident, sur une ligne de deux cent quarante toises ; les murs, bâtis de pierres de taille choisies, étaient ornés de figures en bas-reliefs, de frontons, de fleurons, de fenêtres ouvertes, de fenêtres feintes, d'ornements bien ménagés, et d'un grand dessin proportionné au genre d'architecture qui approchait du colossal. Les bâtiments latéraux, moins élevés que le corps

---

[1] Carlier, *Histoire du duché de Valois.*

principal, étaient percés de hautes et larges fenêtres, semblables aux croisées des églises du
treizième siècle, moins chargées cependant de
pilastres et de moulures [1]. »

Ce palais tenait à plusieurs dépendances, qui
formaient comme autant de châteaux particuliers,
dont chacun avait sa destination. Au couchant
était une grosse tour, mais il n'est pas sûr qu'elle
datât du règne de Charlemagne. L'officier qui
gouvernait le palais de Verberie y faisait sa résidence; cet officier a successivement pris les
titres de comte, de page, d'économe et de châtelain.

Les autres parties de l'édifice devinrent la
proie des principaux officiers de ce palais, qui
érigèrent en fiefs héréditaires des biens qui leur
avaient été donnés à vie seulement, en sorte
que le ressort de ce palais, autrefois si considérable, se réduisit alors au principal corps de
logis du château. Ensuite, le roi Robert, voulant
donner de l'importance à la forteresse de Béthisy, y transféra le siège de la juridiction, qui
avait été jusque-là attachée au palais de Verberie.
Les dépendances des deux territoires de Béthisy
et de Verberie furent réunies sous le même
ressort; mais on laissa à Verberie un prévôt et
un *vintre,* espèce de magistrat ou seigneur.

Ce superbe palais fut, comme nous l'avons dit,

---

[1] Carlier.

pillé par les Normands, à plusieurs reprises, entre autres en 885. Nos rois le visitaient encore, mais ils n'y faisaient plus de ces voyages d'apparat où toute leur cour les accompagnait. Ses appartenances se divisèrent. Charles le Simple donna deux fermes situées à Verberie, avec six familles de serfs, à l'église de Saint-Clément, ainsi que le jardin du palais, situé entre le corps-de-logis du château et le pont de l'Oise.

L'ancien palais de Verberie subsistait encore au douzième siècle, mais il ne conservait plus rien de son premier état.

En 1358, les Navarrois et les Anglais, réunis, achevèrent de détruire ce château, et le brûlèrent entièrement; dix ans plus tard, il n'était pas encore relevé de ses ruines.

Philippe le Bel et ses successeurs séjournèrent quelquefois à Verberie. Charles v fit faire au château divers travaux considérables en embellissements et en appartements. Les murs de ce nouvel édifice subsistaient encore au milieu du dix-huitième siècle, sous le nom de Grand-Pignon; ils ont été démolis depuis.

Au quinzième siècle, les Anglais et les Bourguignons se rendirent maîtres de Verberie, et maltraitèrent cruellement les bourgeois, pour s'être vigoureusement défendus dans l'intention de conserver leur ville au roi. Un de ces braves citoyens, nommé Jean de Dours, dont le nom doit être conservé pour la postérité, fut pendu comme étant le chef.

A l'occasion des troubles survenus pendant la minorité de Louis xiv, les murs de Verberie furent réparés. L'armée du maréchal de Turenne campa tout auprès en 1652.

La peste y éclata en 1658 ; des secours administrés à propos en arrêtèrent les désastreux effets.

Les rois de France ont presque tous habité Verberie. Philippe le Long y fit un voyage en 1320 ; le roi Jean s'y rendit en 1350 et en 1351.

Verberie a été célèbre, aux quinzième et seizième siècles, par ses *sorciers*, ses *sorcières*, ses sabbatiers, magiciens, *astrologues*, *nécromanciens*, devins, etc. La croyance aux effets des sortilèges était tellement enracinée, que toutes les lumières de la religion et de la science ont eu beaucoup de peine à en triompher.

## Croix - Saint - Ouen.

Entre Verberie et Compiègne est un village célèbre par une abbaye qui n'existe plus depuis long-temps. Sa fondation remonte au septième siècle : « Un beau jour de printemps, dit la légende, vers midi, pendant que le soleil dardait ses rayons avec force, le roi Dagobert faisait, dans la forêt de Cuisse, une de ces chasses solennelles où le prince était toujours accompagné des principaux seigneurs de la nation et des officiers de la couronne : saint Ouen, son référendaire et son favori, était à ses côtés. Le prince aperçut tout-à-coup dans l'air une croix lumineuse, dont la blancheur égalait l'éclat de la neige ; étonné de cette apparition, il en demanda l'explication au saint, qui, après avoir réfléchi quelque temps, dit au roi : C'est un signe de Dieu ; il veut qu'on rende en ce lieu-là un culte particulier à l'instrument de notre rédemption. Il conseilla au roi de faire élever à -l'endroit même de l'apparition une église sous le titre de la *Sainte-Croix*. Dagobert, sans retard, accepta la proposition. Une basilique y fut fondée. » Voilà ce que rapporte la tradition historique du pays.

Saint Ouen fit défricher l'emplacement ; et, par ses soins, on vit s'élever une église et un corps-de-logis dans un lieu jusque-là inculte, éloigné de tout commerce et seulement fréquenté par des chasseurs ; et, comme le saint homme avait été élevé dans le monastère de Saint-Médard de Soissons, il soumit à saint Médard le nouvel établissement. Après la mort de saint Ouen, les religieux de la Croix l'invoquèrent comme second patron de leur monastère, en sorte que le premier nom de l'abbaye et du village qui se forma peu-à-peu à l'entour fut changé en celui de la **Croix-Saint-Ouen.**

Le bruit du prodige qui avait donné naissance au monastère, la dignité du fondateur, la réputation et les vertus de saint Ouen, la vie exemplaire des religieux, attirèrent dans ce lieu un grand concours de peuple, qui venait de toutes parts rendre ses adorations à l'Auteur de notre rédemption. Cette dévotion s'accrut de plus en plus par les secours et les graces que Dieu répandait sur ceux qui s'y rendaient pour implorer sa miséricorde. Le pèlerinage de la Croix-Saint-Ouen devint très-célèbre.

# Compiègne.

Disons un mot de cette ville ancienne, que les Romains appelaient *Compendium*, et qui est située près du confluent de l'Oise et de l'Aisne. Quelques historiens en attribuent la fondation à Jules-César. C'est là que Clovis vainquit et chassa le fameux Syagrius. Depuis ce temps **Compiègne** a toujours fait partie du domaine royal; on lisait sur une de ses portes : *Regi et regno fidelissima.*

Sous la première race, il y avait à Compiègne un palais où se tenaient les assemblées nationales ; Clotaire 1er y mourut en prononçant ces paroles mémorables : *Quelle doit être la puissance du Roi du ciel qui fait ainsi périr les rois de la terre!*

Chilpéric 1er y résida aussi. Ce fut sous les murs de cette ville que Clotaire II, prêt à livrer bataille à Théodebert, roi d'Austrasie, prit le parti plus sage de se réconcilier avec lui.

Ce fut à Compiègne que Dagobert arrêta la fondation de l'abbaye de Saint-Denis : il établit aussi dans cette cité un hôtel des monnaies, dont la direction fut confiée à saint Eloi, orfèvre à Compiègne, avant d'exercer cette profession à Noyon, dont il devint ensuite évêque.

Pépin et Charlemagne y tinrent aussi des assemblées. Plus tard, Louis le Débonnaire y fut déposé, par un arrêt du parlement, connu sous le nom de parlement de Compiègne.

Charles le Chauve voulut donner son nom à cette ville (*Carlopolis*), mais l'ancien nom prévalut toujours. Ce prince y fit bâtir deux châteaux. Saint Louis, qui laissa partout des traces de sa généreuse piété, plaça un hôtel-Dieu sur les ruines d'un de ces châteaux. Charles le Chauve fonda aussi à Compiègne une abbaye célèbre, et lui fit don des reliques de saint Cyprien et de saint Corneille. Louis le Bègue y fut couronné, ainsi que le roi Eudes, fils aîné de Robert le-Fort, comte de Paris. Sous son règne, les Normands, qui avaient brûlé, saccagé toutes les villes d'alentour, échouèrent sous les murs de Compègne. Enfin, Lous v, dernier roi de la seconde race, mourut et fut enterré dans cette ville.

Hugues Capet fut salué roi par les états-généraux assemblés à Compiègne. Louis le Gros s'y trouvait, lorsque le pape Innocent ii vint implorer son appui. C'est la première ville à laquelle ce roi, à qui l'on doit l'abolition de la servitude et l'établissement des libertés communales, accorda 'le droit de commune. Philippe-Auguste confirma ces privilèges.

Saint Louis fit bâtir à Compiègne, outre l'hôtel-Dieu, deux couvents et un pont.

Sous Charles VII, cette ville subit le sort de toutes celles de ces contrées, que désolèrent alternativement les Anglais, les Armagnaes et les Bourguignons. Malgré les avis de Thiboulet, le loyal François 1er reçut avec honneur Charles-Quint à Compiègne, et y fit tant de fêtes à ce prince, qu'il en trouva le séjour charmant.

Les rois de la maison de Bourbon fréquentèrent aussi beaucoup Compiègne; en 1698, Louis XIV y réunit un camp de soixante mille hommes, et y donna des fêtes magnifiques. Le roi avait nommé général en chef de ce camp le duc de Bourgogne, qui n'avait encore que seize ans; mais le véritable commandant était le maréchal de Boufflers, qui établit son quartier général à Coudun, petit village sur la rivière d'Aronde, au pied du mont Ganelou.

Quarante années plus tard, en 1738, Louis XV ayant voulu donner au dauphin, qui n'avait que dix ans, une idée de la manière d'attaquer et de défendre une place, fit élever un polygone en face de la terrasse du château. Le camp formé à cette occasion dans les environs de Compiègne fut commandé par M. le comte d'Eu, grand-maître de l'artillerie. Les deux monarques dont nous venons de parler multiplièrent les routes de la forêt qui avoisine la ville.

Compiègne avait une compagnie d'arquebusiers d'une telle réputation, que l'électeur de Bavière, prisonnier de guerre à Compiègne, et le roi Louis xv s'y firent affilier.

Pendant le dix-huitième siècle, il était rare que la famille royale laissât passer une année sans aller à Compiègne.

Ce fut dans le château de Compiègne que Napoléon, au mois de mai 1808, relégua Charles iv, roi d'Espagne, la reine son épouse, leur favori Godoy et leur suite. Après quelques mois de séjour dans ce château, le roi détrôné écrivit à Napoléon, se loua du lieu de sa résidence, de ses alentours et des officiers qui le servaient; mais il lui fit observer que son grand âge et ses infirmités ne lui permettaient pas de passer l'hiver dans un climat auquel il n'était pas accoutumé; il pria l'empereur des Français de le faire transférer à Marseille; Napoléon l'y fit conduire.

Le 27 décembre 1810, à neuf heures du soir, eut lieu à Compiègne la première entrevue de Napoléon et de Marie-Louise d'Autriche, venue en France pour être sa seconde femme.

Enfin, le roi Charles x, mort dans l'exil, était venu souvent, dans des temps plus heureux, chasser dans la forêt de Compiègne.

Le château de Compiègne fut rebâti sous Louis

xv, d'après les dessins de l'architecte Gabriel, en sorte que tout ce qui restait d'antique disparut alors. Ce monument a toute l'étendue et la magnificence qui conviennent à une maison royale ; les péristyles et la salle des gardes sont surtout remarquables ; tous les appartements, au nombre desquels se trouve une superbe galerie, se communiquent de plain-pied. La façade en regard de la forêt est magnifique ; les jardins ont été comparés, pour la beauté de leur plan, à ceux des Tuileries ; ils ont une bien plus vaste surface.

Depuis 1789 jusqu'à notre temps, la population de Compiègne s'est élevée de 5876 habitants à 8625. L'urbanité de leurs mœurs attire, dit on, les étrangers, et engage les personnes qui ont des loisirs à venir y fixer leur demeure. Pour donner une idée de la fraternité qui règne dans cette ville, nous citerons un usage de ses habitants, qui consiste à allumer des feux les jours de fête et de réjouissance publique, à souper devant la porte de leurs maisons, et à se porter des santés d'une table à l'autre.

# DE COMPIÈGNE A SAINT-QUENTIN.

En sortant de Compiègne , on passe à **Tou-rotte,** dont les châtelains avaient une grande renommée au moyen-âge; puis, à **Ourscamps,** où était une célèbre , belle et riche abbaye d'hommes , de l'ordre de Citeaux , fondée en 1129 , par un fils de Hugues le Grand , comte de Vermandois, et cousin germain de Louis le Gros.

Non loin de là sont les ruines du château de Pierrefonds, qui attestent encore la puissance de ses anciens possesseurs. Ces débris imposants offrent un tableau des plus pittoresques. Cette forteresse inexpugnable joue un grand rôle dans l'histoire de ces contrées. Louis XIII en ordonna la démolition, considérant que ce château , sans utilité pour le gouvernement , pouvait, dans des temps de troubles, servir de retraite à quelques mécontents. Ses vastes souterrains devinrent plus tard le repaire des *chauffeurs* qui y avaient établi leur quartier général. Ces brigands avaient des affidés dans tous les rangs de la société , et profitaient de la sécurité que leur laissaient les troubles et les préoccupations de la révolution, pour exercer des monstruosités inouies. On les appelait chauffeurs, parce que, pour se faire livrer les trésors qu'ils convoitaient, ils exerçaient sur les personnes qu'ils rencontraient, une torture qui consistait à leur griller les jambes, et qui trop souvent occasionnait la mort de ces malheureuses victimes.

# Noyon.

*Noviodunum, Noviomagus, Noviomum*, ville antique, qui fut prise, non sans peine, par Jules César, lors de la conquête des Gaules, si toutefois le *Noviodunum* de César est bien le **Noyon** d'aujourd'hui, ce qui paraît douteux à plusieurs savants.

L'évêché de Noyon est un des plus anciens de France. Le siége en était d'abord à Vermand, capitale de la province de Vermandois ; mais cette dernière ville ayant été ruinée par les barbares vers le milieu du cinquième siècle, les évêques de Vermand restèrent quelque temps sans lieu de résidence fixe. En 531 saint Médard, quatorzième évêque de Vermand, établit définitivement son siége épiscopal à Noyon. L'année suivante, il fut élu évêque de Tournai, et les deux siéges restèrent unis depuis ce moment jusqu'en 1146, que le pape Eugène III sépara de nouveau les deux églises, et rendit à Tournai son évêque particulier. Peu de temps après, vers 1160 environ, l'évêché de Noyon, en compensation sans doute de la perte du diocèse de Tournai, fut érigé en comté-pairie. A la cérémonie du sacre des rois de France, l'évêque-comte de Noyon portait le baudrier royal. Pendant les onzième, douzième et treizième siècles, les évêques de Noyon furent en possession du droit de battre monnaie.

L'évêché de Noyon, supprimé en 1790, n'a pas été rétabli depuis.

Saint Éloi, évêque de Noyon, vers le milieu du septième siècle, recommandait à ses ouailles, encore imbus des restes superstitieux du paganisme, de ne point fréquenter ni consulter les devins : « N'observez pas non plus les augures, leur dit-il, et quand vous êtes en voyage, ne faites pas plus attention au chant des oiseaux qu'aux calendes de janvier ; que personne ne se masque et ne prenne la forme d'une génisse, d'un faon, et ne fasse le jongleur. » Des recommandations de ce genre ne seraient pas encore aujourd'hui déplacées.

En 720, Chilpéric II mourut à Noyon et y fut enterré. Cette ville fut pendant quelque temps la capitale de l'empire de Charlemagne, qui s'y fit couronner en 768. Hugues Capet y fut élu en 887. Les Normands la prirent et la saccagèrent au neuvième siècle. Baudry ou Balderic, un de ses évêques, lui accorda des privilèges communaux qui furent approuvés par Louis le Gros et Louis le Jeune.

Noyon subit, à différentes époques, plusieurs incendies, particulièrement de la part des Espagnols, qui brûlèrent cette ville lors de la bataille de Saint-Quentin.

François Ier conclut à Noyon un traité fameux avec l'empereur Charles-Quint, en 1516; le monarque espagnol n'avait encore alors que seize ans. Aux termes de ce traité, il devait épouser la fille nouvellement née du roi de France, lorsqu'elle aurait atteint sa douzième année. Ce mariage n'eut jamais lieu.

Henri IV se rendit maître de Noyon en 1591; les ligueurs la reprirent deux ans plus tard; mais en 1594 elle passa définitivement sous la domination royale.

Le trop fameux Calvin est né à Noyon. C'était un des hommes les plus remarquables du XVIe siècle, par ses talents comme écrivain et comme orateur; talents funestes, qui n'ont servi qu'à jeter la perturbation dans l'Eglise et dans la société, pendant plus de deux siècles, et qui, de nos jours n'ont encore que trop d'imitateurs.

Située au pied de la montagne de Saint-Siméon, Noyon offre un aspect assez riant; ses murailles, ornées encore de leurs créneaux et de leurs mâchecoulis, annoncent qu'avant l'invention de l'artillerie, elle était en état de résister longtemps à l'ennemi.

La construction de la cathédrale est fort ancienne; ses tours sont d'un beau style et d'une architecture assez imposante; sa flèche est d'une hardiesse et d'une élégance remarquables.—Population six mille habitants.

Parmi les environs de Noyon, il faut particulièrement remarquer **Salency,** village à une lieue de cette ville , lequel doit sa célébrité à la fête de la Rosière , instituée par saint Médard , qui était né dans ce lieu, et qui fut évêque de Noyon et de Tournai , sous le règne de Clotaire Ier. La sœur de ce vertueux prélat fut la première rosière; saint Médard, en habits pontificaux, couronnant sa sœur au pied des autels , a été le sujet de plusieurs tableaux composés par des artistes célèbres. Le pieux fondateur assigna sur une partie de son domaine de Salency, appelé dans les titres postérieurs *le fief de la Rose* , une redevance considérable pour être donnée, chaque année, à la fille la plus vertueuse de la paroisse de Salency: elle devait être issue de parents d'une probité à couvert de tout reproche ; le moindre blâme , la tache la plus légère, soit chez la fille , soit dans sa famille, était un titre d'exclusion irrévocable.

Bien que les cérémonies de la fête de la Rosière de Salency aient été souvent décrites, nous ne pouvons résister au désir de rappeler ici cette institution.

» Le dimanche qui précédait la cérémonie de a fête de la Rosière, tous les habitants , assemblés en présence de la justice du lieu , choisissaient trois filles parmi celles de la paroisse ; ils priaient le seigneur de Salency d'élire une d'entre elles ; le choix fait, à l'instant la justice la proclamait.

» Le 8 juin, jour de la fête de saint Médard, la fille préférée, qu'on nommait la Rosière, se rendait à l'église, précédée de tambours et d'une musique champêtre ; douze filles de la paroisse l'accompagnaient, vêtues de blanc comme elle ; chacune d'elles portait en écharpe un large ruban bleu. Douze jeunes garçons, sous les armes, accompagnaient ce groupe intéressant. La Rosière et ses compagnes avaient une place distinguée au milieu du chœur ; on célébrait en leur présence une messe solennelle en l'honneur de saint Médard ; la Rosière y présentait le pain bénit, et recevait la communion du prêtre officiant.

» A une heure après-midi, un des principaux officiers de justice allait à la maison du père de la Rosière, qui, suivie du cortége que nous venons de désigner, se rendait au chateau. Le seigneur, ou celui qu'il avait indiqué pour son représentant, lui donnait une place d'honneur ; on lui présentait quelques rafraîchissements. A deux heures et demie, le seigneur donnait la main à la Rosière pour se rendre à l'église ; elle était accompagnée de son cortége, et, pendant les vêpres, elle occupait un fauteuil au milieu du chœur ; un prie-Dieu était placé devant elle ; le seigneur était à sa droite, le premier officier de la justice à sa gauche ; derrière elle se plaçaient les autres officiers ; les douze jeunes filles, qui ne la quittaient pas dans ces différentes cérémonies, étaient placées sur des banquettes, à ses côtés, et les douze jeunes garçons du cortége formaient deux haies à l'entrée du sanctuaire; le sergent et les officiers de la justice gardaient les portes du chœur.

» Dès que les vêpres étaient finies , le clergé conduisait processionnellement la Rosière dans une chapelle située sur la place de Salency et bâtie sur le lieu où fut jadis le berceau de saint Médard. Le prêtre officiant bénissait le chapeau de roses, l'anneau d'argent, et faisait un discours. La Rosière, à genoux, recevait la couronne et l'anneau; on chantait le *TeDeum* en la reconduisant à l'église.

» Suivie d'une foule immense, elle se rendait ensuite sur l'angle d'une pièce de terre située à l'entrée du village de Salency, et appelée le fief de la Rose : les vassaux du fief lui présentaient une collation sur une table couverte d'une nappe, de six assiettes, de six serviettes , de deux couteaux et de deux verres ; on y ajoutait deux demi-pots de vin du pays dans des vases d'étain , un demi-pot d'eau dans un vase de la même matière, deux pains d'un sou, un fromage et cinquante noix. Sur la fin de ce sobre repas , les mêmes vassaux lui représentaient, par forme d'hommage , un bouquet de fleurs, deux balles de jeu de paume, deux flèches entourées de petits rubans bleus, un sifflet. On la reconduisait ensuite à la maison paternelle ; là ses parents, au comble du bonheur, offraient à son cortége une légère collation.

» Louis XIII, en 1640, étant au château de Varesne, résolut d'assister à la touchante cérémonie de Salency ; une indisposition l'empêcha d'exécuter son projet ; il fit porter à la Rosière, par le marquis de Gordes, premier capitaine de ses gardes, une bague d'un très-haut prix, et son cordon bleu, en lui permettant de le porter le jour des grandes cérémonies ; c'est de cette époque que la Rosière et ses compagnes sont parées de larges rubans bleus, qu'elles portent en sautoir.

» Un seigneur de Salency, en 1774, refusa la redevance de vingt-cinq livres dont était grevé le fief de la Rose, le prix du chapeau, de l'anneau d'argent, et les frais de la collation champêtre auxquels étaient tenus les vassaux de ce fief. Un arrêt du parlement, de 1774, débouta ce seigneur de ses prétentions, le condamna aux dépens, et rétablit la fête dans son état antérieur.

» C'est à présent la commune de Salency qui fournit, sur les deniers communaux, les frais de cette cérémonie.

» La fête de Salency a toute la simplicité, tous les caractères de son ancienne origine ; elle s'est célébrée à l'époque même des plus grands désordres de la révolution ; cependant on a vendu la petite chapelle élevée sur le berceau de saint Médard [1]. »

---

[1] Cambry, *Description du dép. de l'Oise.*

Il serait à désirer que de pareilles fêtes fussent plus multipliées, de semblables encouragements répandus partout. La justice humaine, en instituant des punitions pour les crimes, a négligé de fonder des rémunérations pour la vertu. Certaines personnes pensent que l'intégrité de la vertu en serait altérée et que l'attente des récompenses célestes doit lui suffire. Saint Médard n'a cependant pas raisonné ainsi.

## Chauny.

Après Noyon, la station la plus intéressante est celle de **Chauny,** petite ville de près de cinq mille âmes que l'on croit être le *Contragium* de l'itinéraire d'Antonin. Philippe d'Alsace, comte de Flandre, lui donna une charte de commune en 1167, qui fut confirmée par Philippe-Auguste en 1213. Les Espagnols l'assiégèrent en 1552, et s'en emparèrent par capitulation après six jours de tranchée ouverte.

Chauny est bâtie dans une belle plaine, à l'embranchement du canal de Saint-Quentin, sur la rive droite de l'Oise, qui forme en cet endroit une île dans laquelle se trouve comprise la moitié de la ville. Elle a plusieurs manufactures de coton, de toiles de chanvre, et des blanchisseries renommées. Le fameux Charles Vuitasse, docteur de Sorbonne, est né à Chauny.

Quoiqu'elle ne soit pas positivement sur notre route, nous ne pouvons nous dispenser de dire un mot de la ville et du château de **Ham**, qui dominent la plaine.

A la fin du neuvième siècle, Ham était la capitale du pays appelé le Hamois. En 932, elle appartenait à Hébrord, frère d'Herluin, comte de Montreuil. Hébert ii, comte de Vermandois et de Troyes, s'en empara la même année; mais Raoul, roi de France, ne tarda pas à la reprendre. La ville fut encore enlevée en 955, par Eudes, fils d'Hébert.

Simon, châtelain de Ham en 986, est généralement regardé comme le chef de l'ancienne maison de Ham, qui s'éteignit en la personne de Jean iv, mort avant l'an 1374. Cette seigneurie, après avoir été possédée successivement par les maisons de Concy, d'Enghien, de Luxembourg, de Rohan, de Vendôme et de Navarre, fut réunie à la couronne lors de l'avènement de Henri iv.

En 1411, la ville de Ham fut prise et détruite par le duc de Bourgogne, qui s'était présenté devant ses murs, où se trouvait une garnison de cinq cents armagnacs, commandés par le connétable d'Albert. Les assiégeants ruinèrent les fortifications dès les premiers jours. D'Albret, poussé par le désespoir, fit, la nuit suivante, une trouée hardie avec sa garnison et les bourgeois de son parti. Les ennemis, étonnés de cette audace imprévue, n'osèrent le poursuivre; mais ils se vengèrent cruellement sur les habitants restés dans la ville, et en firent un massacre général, accompagné d'incendie et de pillage, qui ne cessèrent que lorsque la ville ne fut plus qu'un amas de ruines.

En 1415, ce furent les Anglais qui s'emparèrent de cette ville, à peine relevée du précédent désastre. Dans la nuit du 2 octobre 1423, Pothon de Xaintrailles la suprit par escalade, et y planta les étendards du dauphin. Deux jours après, Jean de Luxembourg lui reprit la place d'assaut. Après la bataille de Saint-Quentin, en 1557, Ham tomba au pouvoir des Espagnols, mais revint à la France par le traité de Cateau-Cambrésis.

Le château-fort de Ham, qu'on découvre de loin, fut bâti vers 1470, par Louis de Luxembourg, comte de Saint-Pol, que Louis XI fit décapiter. Au-dessus de la porte on lit cette inscription en caractères gothiques : *Mon mieux.* Les murs sont remarquables par leur épaisseur. La grosse tour a trente-trois mètres de hauteur et autant de diamètre ; c'est la plus grosse qui existe en France. Les derniers ministres de Charles X furent enfermés dans cette forteresse, et plus tard le prince Louis-Napoléon Bonaparte, aujourd'hui président de la république, qui s'évada de cette prison, déguisé en ouvrier charpentier, pendant que son médecin le faisait passer pour malade.

L'église de Ham contient de magnifiques bas-reliefs, représentant divers traits de l'Ecriture sainte. Le jeu d'orgues est soutenu par de riches colonnes de marbre, ainsi que le superbe baldaquin que l'on remarque à l'entrée du chœur.

## Saint-Quentin.

Les savants sont partagés sur l'origine de **Saint-Quentin.** La plupart penchent à croire que c'est l'ancienne *Augusta Viromanduorum*, qui existait du temps des Romains; d'autres attribuent cette antiquité à un village du nom de Vermand, situé à trois lieues de là et où se trouvent les ruines d'un camp romain.

Quoiqu'il en soit, le nom actuel de cette ville lui vient du saint martyr qui, en l'an 303, y souffrit la mort par ordre du préfet Rictiovare, qui fit jeter son corps dans la Somme, d'où le retira, quarante-cinq ans plus tard, saint Eusèbe.

Lors de la dissolution de l'empire romain, cette ville fut prise et brûlée par les Vandales, en 407, et à peine se relevait-elle de ses ruines, qu'en 451 elle fut saccagée par les Huns, sous la conduite d'Attila. Ayant été détruite par les Normands dans le septième siècle, elle fut rebâtie par le comte-abbé Thierry, qui l'environna de murs, et la garantit ainsi pendant quelque temps de nouveaux désastres; mais elle fut brûlée une seconde fois par ces mêmes Normands, en 883.

Hugues de France s'empara de Saint-Quentin, en 932, après un siège de deux mois. Herbert II, comte de Vermandois, y rentra par surprise l'année suivante; mais peu de temps après, cette ville retomba au pouvoir de Hugues. En 935, Saint-Quentin fut assiégé et pris par les Lorrains venus au secours d'Herbert II, et ses fortifications furent détruites. Vers 1102, le comte Raoul octroya une charte de commune aux habitants de Saint-Quentin. Cette charte, que Philippe le Long abolit, sans qu'on en connaisse les motifs, fut rétablie par Philippe le Bel, en considération des offres faites par les habitants, de se cha.ger des fortifications de la ville.

Sur la fin du règne de Louis le Jeune, la ville de Saint-Quentin avait été prise en 1179, par Bauduin le Courageux, comte de Flandre, époux de Marguerite d'Alsace. Philippe-Auguste la reprit en 1183. Le traité d'Arras de 1435 la céda au duc de Bourgogne; rendue à Louis XI, en 1463, elle retourna de nouveau au duc de Bourgogne par les traités de Paris et de Conflans. Mais le 10 décembre 1470, les habitants, seuls et sans aucune assistance, brisèrent le joug de l'étranger et cette ville redevint française.

Saint-Quentin, qui n'était pas fortifié à beaucoup près comme il le fut depuis, fut pris d'assaut le 23 août 1557, par Philippe II, roi d'Espagne. L'amiral Coligny le défendait. Pendant le siège, son frère d'Andelot y pénétra avec un secours qu'il y introduisit, en passant la Somme et ses marais. Coligny et d'Andelot furent faits prisonniers, tout fut pillé, et une partie des bourgeois qui avaient pris les armes furent passés au fil de l'épée. Dans le sein de la ville, rien ne fut à l'abri du pillage. Les ornements et vases sacrés de la grande église furent envoyés en Angleterre; les reliques furent envoyées en Flandre. De superbes tapisseries furent enlevées pour servir d'ornement à l'Escurial. Le chapitre de Saint-Quentin fit plus tard de vaines tentatives pour les recouvrer, par l'entremise du P. Daubenton, jésuite. La cour d'Espagne fit répondre que ce monument était trop glorieux à la nation espagnole, pour qu'elle consentît à le rendre.

On dit qu'après la prise de Saint-Quentin, la fuite et l'épée vidèrent tellement la ville, qu'il n'y resta pas un seul habitant. Par le traité de Cateau-Cambrésis, la ville fut rendue à la France le 16 décembre 1559; peu à peu elle se repeupla et ses ruines disparurent.

La ville de Saint-Quentin est située au sommet et sur le penchant d'une colline assez étendue, au bas de laquelle coule la Somme. Depuis 1732, le canal de Picardie l'environne, dans toute la partie de l'est, d'une demie ceinture plantée de beaux arbres, qui offrent une promenade charmante. La ville était, il y a quelques années, fermée par un très-beau rempart circulaire, et protégée par six bastions, ouvrages des règnes de Louis XIII et de Louis XVI, sous lesquels elle était encore frontière. De ces remparts et de ces bastions, il ne restait plus dans ces derniers temps, vers le nord et vers l'ouest, que quelques fragments, ébranlés par le temps, et usés chaque jour par des larcins et par des outrages. La démolition s'en est emparée, et rien désormais ne peut faire obstacle au déploiement de la ville de Saint-Quentin, qui, depuis la perte de ses remparts, s'est enrichie de rues et de promenades nouvelles. Elle est en général assez bien bâtie, et offre en fait de monuments, un hôtel-de-ville et une église remarquables.

L'hôtel-de-ville s'élève au centre de l'une des façades de la grande place ; il est porté sur huit colonnes de grés formant arcades et galerie. Ce monument, de style gothique, est digne de fixer l'attention par l'originalité des ornements qui en décorent la façade : les frises, les chapiteaux, les nervures des ogives sont surchargées de figures bizarres qui rappellent la naïve gaieté de nos aïeux. L'édifice est surmonté d'une élégant lanterne circulaire à jour, renfermant un des meilleurs carillons qui existent, mais qu'on néglige d'entretenir en bon état. En face et au milieu de la place, est un puits remarquable par sa vaste circonférence et par la légèreté de sa construction.

L'ancienne collégiale de Saint-Quentin a été plusieurs fois reconstruite, ayant été ruinée par divers incendies. Privée des tours qui font le plus grand appareil des édifices religieux du moyen-âge, elle est néanmoins d'un aspect majestueux. La structure de cette église a toute l'élégance et la délicatesse du beau gothique. Son ensemble est vaste, et l'harmonie de toutes ses parties est admirable. On peut en voir de plus grandes, non de plus hardies; son élévation est sans rivales. Placée sur le sommet de la colline qui porte la ville, elle domine toute la contrée.

Entre les autres monuments publics de Saint-Quentin, la bibliothèque, composée de quatorze mille volumes, n'est pas la moins intéressante que renferme cette ville, dotée d'ailleurs d'un collège communal, d'une société académique des sciences et des arts, et d'une école de commerce.

Saint-Quentin est une ville essentiellement industrielle, dont la population peut s'élever à vingt-deux mille habitants. Saint-Quentin met, dit-on, en œuvre le quarantième des cotons que la France reçoit annuellement, au moyen d'environ six mille ouvriers. L'immense quantité de fil produite par tous ces travailleurs ne suffit pas aux fabriques de la ville; elle en tire une quantité considérable des filatures disséminées dans son arrondissement, dans celui de Vervins, des filatures de Lille, de Roubaix et de Paris.

Les environs de Saint-Quentin présentent aussi de grandes et belles blanchisseries de toiles, qui occupent encore un nombre considérable d'ouvriers, de même que les ateliers où l'on donne aux toiles de coton l'apprêt convenable.

Si nous remontons à l'origine de l'industrie et de la prospérité actuelle de cette ville, nous trouvons qu'en 1593, un nommé Jean Cronulick, fils d'un négociant de Courtrai, vint établir à Saint-Quentin une fabrique de toiles, et qu'il laissa quinze enfants, lesquels étendirent, eux et leurs descendants, l'industrie de leur père, et répandirent par tout le monde la réputation de leurs manufactures.

Tout industrielle qu'est la ville de Saint-Quentin, elle n'en a pas moins produit des hommes littéraires et des artistes distingués, parmi lesquels nous citerons dom Luc d'Achery, bénédictin, né en 1609, mort à Paris en 1685, auteur d'une grande et précieuse compilation historique intitulée *Spicilége,* et d'autres recueils non moins utiles; le P. Charlevoix, jésuite, né en 1684, mort en 1760, auteur de plusieurs ouvrages estimés; Michel Dorigny, peintre et graveur, et Maurice Quentin de la Tour, célèbre peintre en pastel, sont nés aussi à Saint-Quentin.

Cette ville se distingue encore par ses institutions charitables. Une fondation digne de remarque est l'établissement des filles à marier. Cette institution, qui date de 1666, a eu pour objet la dotation de quatre filles pauvres et vertueuses, ce qui se renouvelle chaque année.

A l'instar de plusieurs villes de Flandre, Saint-

Quentin possède aussi un béguinage, pour servir
de retraite aux veuves ou filles de bonne famille
qui n'out pas de moyens suffisants d'existence.
Enfin, l'hospice des vieux hommes est un lieu
de retraite pour les ouvriers qui se sont usés
dans le travail, sans avoir amassé le pain de
leurs vieux jours.

# LIGNE D'AMIENS A BOULOGNE.

— § —

## Picquigny, Abbeville, Rue, Étaples.

Vous voulez faire une excursion jusqu'à Boulogne, soit; je me suis déclaré votre *cicérone*, je vous suivrai partout où vous voudrez aller.

Un riant paysage, toujours arrosé par la Somme, nous conduit bientôt à Picquigny; à droite et à gauche, nous avons laissé des villages dont nous ne savons rien que les noms. On prétend que celui d'**Etouvy** provient de ce qu'on y étouffait les victimes humaines offertes à Teutatès, ce dieu barbare des Gaulois. Plus loin, vous voyez un camp romain, connu sous le nom de camp de César.

Voici le clocher de **Picquigny** et les ruines de son château, qui date, dit-on, du septième siècle. L'histoire de Picquigny n'est pas moins intéressante que sa situation pittoresque. Que de drames se sont passés dans ces lieux! C'est là

15*

que Guillaume Longue-Épée, duc de Normandie, fut assassiné en 942, par la trahison d'Arnoul, comte de Flandre, qui l'y avait attiré sous prétexte d'une conférence.

Redoutant probablement quelque chose de pareil l'un de l'autre, Louis XI et Edouard, roi d'Angleterre, ayant à s'aboucher ensemble en 1475, prirent, pour cette entrevue, des précautions telles qu'ils ne pussent courir aucun danger. Un pont fut construit tout exprès sur la Somme, et ce pont fut partagé en deux par un treillis de bois (comme l'on fait une cage à lions, dit le naïf chroniqueur Comines). Cette barrière devait séparer les deux monarques, de manière à ne leur permettre que de se tendre la main. Ils étaient, du reste, très-bien accompagnés l'un et l'autre. Ce fut là qu'ils jurèrent une trève de neuf années.

En 1470, le château de Picquigny avait été détruit par le duc de Bourgogne, qui força la garnison anglaise d'en sortir en pourpoint. Ce château fut reconstruit depuis. Mme de Sévigné en parle dans une de ses lettres datées de Picquigny : « Nous arrivâmes, dit-elle, dans un château où tout l'orgueil de l'héritière de Picquigny est étalé. »

Le château, bâti à côté des ruines de l'antique manoir, est lui-même aujourd'hui en ruines. Il avait aussi reçu dans ses murs de grandes illustrations. C'était la résidence d'été du duc de Chevreuse, l'ami de notre vénéré Fénelon ; tous les ans, l'illustre archevêque, que sa disgrace séparait de ses autres amis, y venait passer vers l'automne quelques jours de vacances, embellis par la plus suave amitié. Qui a lu la correspondance intime de Fénelon, et ne sentira ses yeux se mouiller, en apercevant les lieux où il goûta ces rares instants de bonheur dans la famille du duc de Chevreuse et de son fils, après lui duc de Chaulnes, de son vivant vidame d'Amiens, titre attaché à cette seigneurie?

Nous continuons à longer la Somme, que nous avons à notre droite. Comme elle anime délicieusement le paysage! On dit qu'il ressemble à ceux de l'Angleterre, dont la ville de Boulogne va bientôt nous donner aussi une idée.

A gauche est l'ancienne abbaye du Gard, fondée au douzième siècle par Girard, vidame d'Amiens. C'était une abbaye d'hommes de l'ordre de Cîteaux. De nos jours elle a été occupée par une importante colonie de trappistes. Des religieux maristes les ont remplacés.

Ce village où se trouve la troisième station, c'est **Hangest,** obscur aujourd'hui, mais dont les seigneurs étaient célèbres autrefois; celui-ci dont nous coudoyons ensuite l'église, c'est **Condé-Folie,** en face duquel se trouve encore, dit-on, un camp romain; il paraît qu'ils étaient communs dans ce pays, car après **Longpré** (quatrième station), à Liercourt, en voici enfin un autre, le plus vaste de tous ceux du département, il contient quarante-deux ares soixante-quatorze centiares. M. le comte d'Allonville, qui a détruit ce camp, en attribue la construction à César, dans la huitième année de la guerre des Gaules. Observons en passant que si, à part des faits avérés par l'histoire, César avait exécuté tout ce que la tradition lui attribue, la capacité humaine n'y aurait réellement pu suffire.

Pont en-Remy ou **Pont-Remy,** est la cinquième station du chemin d'Amiens à Boulogne. C'est un village situé à une lieue et demie d'Abbeville. Le château de cette commune, placé entre deux bras de la Somme, qui se divise en cet endroit, offre un très-beau coup-d'œil. Le principal bâtiment est flanqué de deux tours à pans. Une autre tour, beaucoup plus forte et garnie de machicoulis, se trouve à l'angle extérieur de cet édifice. Sous le règne de Charles v, les Anglais, chassés d'Abbeville, se retirèrent au Pont-Remy. Guy de Luxembourg, comte de Saint-Pol, marcha aussitôt contre eux et les tailla en pièces. Ce n'est pas la seule fois que ce village eut à souffrir des guerres du quinzième siècle.

On n'est pas d'accord sur l'époque de la fondation d'**Abbeville**, ancienne capitale du Ponthieu. Cette cité, aujourd'hui si florissante et la première du département après Amiens, n'était au dixième siècle qu'une maison de campagne. Hugues-Capet la fit fortifier, craignant quelques nouvelles incursions des peuples du Nord.

Abbeville, parmi toutes les vissicitudes qui ont, depuis, agité son territoire, a toujours témoigné une invariable fidélité aux rois de France. C'est dans ses murs que Louis xii, veuf alors d'Anne de Bretagne, épousa avec une grande solennité la princesse Marie d'Angleterre, sœur de Henri viii, le 9 octobre 1514. Un an après cette union disproportionnée quant à l'âge des époux, le bon monarque, surnommé le père du peuple, descendait dans la tombe, plus regretté de ses sujets que de sa légère épouse. Anne de Boylen, qui, entre autres dames d'honneur, accompagna cette reine en France, prit, à la suite, des leçons de cette fatale coquetterie qui devait plonger l'Angleterre et l'Eglise dans un abîme de maux.

C'est à Abbeville que le roi Louis xiii, pendant le siége d'Hesdin en 1657, voua son royaume à la Vierge, en présence du cardinal de Richelieu.

Les rues d'Abbeville sont étroites et mal pavées; on y voit encore beaucoup de vieilles maisons de bois qui fixent l'attention des antiquaires.

Parmi les monuments qui décorent cette ville, on remarque surtout l'église de Saint-Vulfran, dont le portail est digne d'une cathédrale; il a été construit sous le règne de Louis xii, par les soins du cardinal Georges d'Amboise. Ce portail présente une ordonnance régulière et élégante. Les statues des saints qui le décorent fixent l'attention par la singularité de leurs costumes et les divers ornements dont ils sont chargés. Les tours portent, comme le reste de l'église, le style du quinzième siècle ; elles ont environ soixante-quatre mètres de hauteur.

La bibliothèque d'Abbeville contient quinze mille volumes ; on y remarque un livre d'évangiles sur vélin pourpre, dont Charlemagne, — qui avait des parents partout, comme César des camps et des forteresses, — fit, dit-on, présent à Augilebert, son gendre, abbé de Saint-Riquier.

Disons un mot de l'abbaye de ce nom, fort ancienne, comme l'on voit, et l'une des plus célèbres de France. Transportons-nous à deux lieues d'Abbeville, où nous reviendrons, pour voir l'église de ce monastère, reconstruite au quinzième siècle, et qui sert aujourd'hui de paroisse aux habitants de la petite ville de Saint-Riquier. L'architecture du portail est noble et élégante ; le tympan du porche est décoré d'un arbre généalogique représentant les ancêtres du Messie. L'intérieur de cette charmante église répond au dehors ; ce qui fixe surtout les regards, c'est un Christ, chef-d'œuvre de Girardon, placé au-dessus du maître-autel.

Vous aimez, je crois, les légendes ; il en est de fort curieuses, peintes à fresque, sur le mur de l'ancienne trésorerie du couvent : trois personnages à cheval, magnifiquement vêtus, paraissent saisis de terreur, à l'aspect de trois squelettes qui s'offrent tout-à-coup à leur vue. Le premier de ces spectres porte une bêche, le second tient une pique, et le troisième une longue flèche dont il frappe une croix ; on lit au bas du cadre qu'occupent ces squelettes :

> O folles gens mal advisées ,
> Qui estes du hault lieu prisées ,
> Pensés à la mort très-certainne
> Et leschiés là joye mondainne.

Ces autres rimes se trouvent sous les trois personnages vivants, dont l'un lâche un faucon qu'il tenait sur le poing :

> Ostons du monde les plaisirs ,
> Malvais valoirs et faulx desirs ;
> Car de la mort tous les destroits
> Nous passerons comme ces trois.

Au-dessous de celles-ci, d'autres peintures représentent Hugues-Capet rapportant dans cette abbaye les reliques de saint Riquier.

Retournons à Abbeville, et même à la bibliothèque que nous avons si brusquement quittée pour faire une excursion à Saint-Riquier. Voyez-vous tous ces bustes ? ce sont ceux des hommes célèbres à qui Abbeville s'enorgueillit d'avoir donné le jour : on cite entre autres Jean Allegrin, patriarche de Constantinople, et ensuite légat *à latere* en Espagne et en Portugal , auteur de quelques ouvrages, et mort en 1237 ; le citoyen Ringois, qui, enfermé au château de Douvres, préféra la mort au parjure ; puis, des géographes, des graveurs surtout; le poète Millevoie et d'autres personnages qui se sont distingués de façons diverses.

Oublierions-nous de parler de la manufacture de draps, jadis si fameuse, de Van-Robais, fondée en 1665 par un Hollandais, sous le patronage de Colbert? Malgré les nombreuses manufactures rivales qui se sont élevées depuis dans le pays et aux environs, celle-ci continue de soutenir une réputation méritée.

Disons adieu à la Somme, qui va se réunir à la mer entre le Crotoy et Saint-Valery, et avançons vers Boulogne, en passant par Noyelles, célèbre dans les annales du 15e siècle, par la victoire des troupes dauphinoises sur les Bourguignons.

Arrêtons-nous à **Rue**, située à deux lieues environ de la mer, qui venait battre ses murs autrefois.

Ce qui rend cette petite ville si remarquable, c'est la chapelle du Saint-Esprit, dont on admire surtout les riches sculptures. Le réseau circulaire, d'où pendent les longues clés à jour des voûtes, ressemble par sa légèreté à une gaze transparente. Ces sculptures sont dues à la libéralité de Philippe le Bon, duc de Bourgogne, et d'Isabelle de Portugal, sa femme. Les statues de ces personnages en décorent la façade, ainsi que celles des rois Louis xi et Louis xii, et du cardinal Bertrandi, qui, par une bulle de l'an 1313, attesta l'authenticité de l'histoire du Crucifix miraculeux conservé dans cette chapelle; cette histoire est représentée en relief au haut du tympan de la porte d'entrée.

Après la station de **Verton,** dont rien n'est à signaler que le nom, nous arrivons à **Etaples,** petite ville et port de mer situés à deux lieues et demie de Montreuil, et à l'embouchure de la Canche.

Etaples, au moyen-âge *Stapulæ*, et sous les Romains peut-être *Quantovicus*, est une ville fort ancienne; elle avait un port assez vaste pour tenir en station une forte division de la flotte romaine. Sous les rois de la seconde race, elle avait de la célébrité par son commerce. Elle fut entre toutes les villes de France, une des premières que pillèrent les Normands. Il paraît qu'elle avait encore quelque importance vers la fin du quinzième siècle, puisqu'elle fut choisie pour la conférence qui eut lieu en 1492, entre Henri VII, roi d'Angleterre, et le roi Charles VIII, qui y signèrent un traité de paix. Aujourd'hui, il ne reste plus de l'ancienne splendeur de cette ville qu'un petit nombre de maisons d'assez belle apparence, beaucoup d'habitations de pêcheurs, groupées autour d'une grande place déserte, et les ruines d'un château fort, bâti en 1160.

Entre Etaples et Boulogne, il n'y a que la station de **Neufchâtel,** qui n'a rien de particulièrement intéressant.

# Boulogne.

**Boulogne** est une ville dont l'origine remonte à la plus haute antiquité. Elle était connue des anciens sous le nom de *Gesoriacum* : c'était alors une petite bourgade, située dans une île qui faisait partie du pays des Morins, l'un des peuples les plus puissants des Gaules. Cinquante ans avant l'ère chrétienne, un parent de Jules-César, nommé Pédius, fit construire, dit-on, sur une colline, vis-à-vis de *Gesoriacum*, une ville à laquelle il donna le nom de *Bononia*. Ces deux villes, réunies plus tard, n'en formèrent qu'une sous le nom de Boulogne. C'est là que, suivant l'opinion de la plupart des antiquaires, César prépara la première expédition contre Albion, dont il fit une province romaine.

En 882, la ville de Boulogne fut assiégée par les Normands, et quoique vaillamment défendue par ses habitants, elle fut prise d'assaut, détruite de fond en comble, et tous ses habitants passés au fil de l'épée. Ce ne fut qu'en 912 qu'elle fut reconstruite et que ses fortifications furent rétablies. Edouard III, roi d'Angleterre, tenta sans succès de s'emparer de Boulogne en 1347. Le Boulonnais avait alors ses comtes particuliers relevant de ceux d'Artois. Les comtes de Flandre prétendaient aussi à la suzeraineté de Boulogne; Louis XI mit fin à ces contestations en réunissant le comté de Boulogne à son domaine, et en le soumettant à la suzeraineté de Notre-Dame, à laquelle il en fit hommage en personne, en lui offrant, dans l'église de Boulogne qui lui est dédiée, un cœur du poids de deux mille écus. Ses successeurs imitèrent cette pratique.

Sous le règne de François I er, Henri VIII, roi d'Angleterre, tint cette ville assiégée pendant six semaines de tranchée ouverte. Après avoir soutenu huit assauts et plusieurs attaques successives, les habitants se rendirent par capitulation, le 13 septembre 1544. Les Anglais en restèrent maîtres six ans. Édouard VI la rendit ensuite à la France, moyennant quatre cent mille écus. Trois ans plus tard, Charles-Quint la prit après un long siège et la détruisit entièrement.

Boulogne n'a pas tardé à se rel er de ses ruines ; son excellente position ne pou t manquer d'y ramener la prospérité. Sa principale église, d'abord abbatiale, et depuis épiscopale, jusqu'à la révolution, y attirait un grand nombre de pèlerins. Son port et ses eaux minérales, tout concourt à en faire un lieu fréquenté. Ces dernières sont ferrugineuses. Les bains de mer, chauds et froids qu'on peut prendre dans un établissement parfaitement disposé pour cet usage, sont encore un des puissants moyens curatifs qui attirent les étrangers dans cette ville.

Située au pied et sur le sommet du mont Lambert, et entourée de toutes parts de mu-

railles élevées, Boulogne se divise en haute et
basse ville. La ville haute est très bien percée,
et élégamment bâtie. De ses remparts, on découvre parfaitement les côtes de l'Angleterre
lorsque le temps est beau. La ville basse renferme toute l'activité, le commerce et la plus
grande partie de la population de Boulogne.

Le port de Boulogne, formé de deux larges
bassins joints ensemble par un beau quai, et
défendu par plusieurs forts, a été agrandi et
embelli par Napoléon, qui, alors à l'apogée de
sa gloire, y faisait les préparatifs d'une descente
qu'il méditait en Angleterre, mais qui n'eut
jamais lieu.

Un camp immense fut établi à droite et à
gauche du port de Boulogne. Huit demi-brigades
d'infanterie de ligne, deux d'infanterie légère,
et vingt-quatre compagnies de canonniers, formèrent le noyau de l'armée qui allait se ras-
sembler. Les premiers jours, les troupes bivoua-
quèrent ; mais en très-peu de temps les soldats
construisirent des baraques aussi commodes
que solides, avec des perches qu'ils allaient
chercher dans la forêt, des gazons tirés de la
plaine, et des cailloux de la côte. Presque sans
outils, ils taillèrent et approprièrent les bois à
tous les usages : poteaux, charpentes, cloisons,
lits de camp, râteliers d'armes, portes, croisées,
tout fut exécuté avec une admirable dextérité.
De nombreux curieux allaient voir le camp de

Boulogne et s'émerveillaient à la vue de ce chef-
d'œuvre d'industrie humaine. Des jardins charmants furent créés comme par enchantement par
nos soldats. Ils y avaient placé des obélisques,
des pyramides, des colonnes et des figures allé-
goriques, faites en argile et recouvertes de co-
quilles disposées avec un tel art qu'à une petite
distance on eût cru voir des marbres précieux
Les baraques des officiers surtout étaient élégantes et commodes. On voyait dans leurs jardins
improvisées, des volières remplies d'oiseaux;
d'autres avaient des basse-cours; enfin, ce
noble camp offrait toutes les douceurs de la vie
domestique.

C'est au camp de Boulogne que furent distri-
buées, le 15 août 1804, les premières décorations de la légion-d'honneur. L'armée, en mémoire de cette institution, résolut d'ériger à ses
frais, sur un plateau d'où l'on découvre l'Angleterre, une colonne monumentale. En 1814, cette
colonne fut consacrée à rappeler le retour des
Bourbons. Ce travail n'a été terminé qu'en 1821.

Entr'autres grands hommes dont Boulogne fut
la patrie, on cite le savant père Lequien, mort
à Paris en 1731, et M. Daunou, mort en 1840.

Nous avons dit que le pèlerinage de Notre-
Dame de Boulogne-sur-mer était fort célèbre.
Voici ce que la légende raconte de la miracu-
leuse image qui y a donné lieu:

Vers le milieu du septième siècle, les habitants de Boulogne étant en prières dans une chapelle de la ville, la Mère de Dieu leur apparut, et leur dit qu'un navire paraissait à la rade, qu'ils y trouveraient son image, et qu'ils devaient la placer dans le lieu où ils se trouvaient assemblés, parce qu'elle se plairait à recevoir en cet endroit leurs hommages et à y faire éclater sur eux les effets de sa protection.

On courut au port; on y vit aborder un vaisseau sans équipage, guidé par une lumière surnaturelle et éclatante. Il aborda, on y trouva l'image envoyée par le ciel, et on la transporta processionnellement au lieu indiqué; on peut penser avec quelles acclamations de joie et de reconnaissance.

Des miracles confirmèrent ces promesses; la piété des peuples et des rois en font foi. Lors de la prise de Boulogne par Henri VIII, la sainte chapelle fut ruinée, et l'image sacrée enlevée par le conquérant. Henri II, roi de France, la fit restituer.

Dans la tourmente révolutionnaire, l'antique image a disparu, et la chapelle a été totalement détruite, mais le culte de Notre-Dame de Boulogne ne s'est pas ralenti.

M. l'abbé Haffreingue, dont la piété et le zèle sont connus, s'occupe par ses soins, ses sacrifices et la générosité des fidèles, de lui faire élever un sanctuaire digne d'elle. La coupole de ce monument doit supporter l'image en pied de la sainte Vierge, tournée vers l'Angleterre.

# LIGNE DE LILLE A CALAIS ET A DUNKERQUE.

— ◇ —

## Armentières, Steinwerck, Bailleul.

Située à trois lieues de Lille, **Armentières** est la première ville que rencontre, après la station de **Pérenchies**, la voie de fer qu va bientôt se partager en deux branches pour aller rejoindre l'une Calais, l'autre Dunkerque. La jolie petite ville que nous abordons est située près de la Lys, rivière qui sépare le département du Nord en deux parties distinctes par le langage et même les mœurs de leurs habitants : l'une faisait partie de la Flandre française, et l'autre de la Flandre flamingante. Au commencement de ce siècle, au-delà de la Lys on ne parlait que flamand, et il en est presqu'encore ainsi dans les campagnes ; mais dans les villes, les nuances qui distinguaient les deux pays s'effacent tous les jours, et il est facile de prévoir combien le chemin de fer va achever de niveler le langage et les usages de ces cantons.

Armentières est une ville très-commerçante.

En 1329, elle fut entourée de murailles; en 1509
ses habitants obtinrent la permission de l'agrandir; ce qui ne fut terminé qu'en 1580. Elle avait autrefois un château, dont le gouverneur portait le
titre de châtelain, avec pouvoir de juger toutes
les causes tant civiles que criminelles. Pour le
spirituel, cette ville dépendait de l'évêché d'Arras.

Les guerres entre les Français et les Flamands
ont désolé plusieurs fois cette ville, particulièrement en 1339 et 1382. L'archiduc Léopold, gouverneur des Pays-Bas, l'ayant prise en 1647 sur
les Français, ceux-ci la reprirent; et elle leur est
restée par la paix d'Aix-la-Chapelle, l'an 1668;
ses fortifications ont été depuis rasées.

En continuant à parcourir les riches campagnes
de la Flandre, nous passons à **Steenwerck**,
bourg considérable et populeux, autrefois presqu'inabordable pendant six mois de l'année,
et nous arrivons bientôt à **Bailleul** (*Ballio-
lum*). Cette petite ville eut naguères un château,
fortifié par Robert-le-Frison.

Bailleul eut beaucoup à souffrir des guerres du
dix-septième siècle; deux fois cette malheureuse
ville fut brûlée; elle l'avait déjà été par un accident en 1582. Aussi, quoiqu'elle s'appelât originairement *Belle*, eut-elle depuis plutôt l'air
d'un village que d'une ville. Elle est de nouveau
en voie de progrès; elle compte près de 10,000
habitants, a un collège et plusieurs fabriques
importantes.

# Strazeele, Hazebrouck.

En quittant Bailleul, touchons à **Strazeel**, et nous voici à **Hazebrouck.**

Hazebrouck date du septième siècle ; toute cette contrée était couverte de bois; on n'y trouve aucune construction ancienne ; la seule voie romaine passant par cette ville, où elle conserve le nom de rue de Térouanne, est le chemin qui conduisait de cette dernière ville à Gand.

Le chemin de fer se partage à Hazebrouck en deux branches, dont l'une se dirige sur Calais, et c'est celle que nous suivrons d'abord, l'autre sur Dunkerque.

Hazebrouck est une de ces bonnes villes, qui ont conservé les mœurs primitives, naïves et pieuses. La tour de l'église est un monument remarquable, dont l'élévation est de deux cent quarante pieds ; sa flèche est d'une architecture hardie, et ce qu'il y a de plus beau en ce genre dans le département du Nord. On y remarque aussi l'hôtel-de-ville terminé en 1820. Le collége, l'hospice, la halle et l'école primaire sont renfermées en un ancien couvent des Augustins, digne de quelqu'attention, par son étendue et son genre de construction.

Cette ville, dont le commerce consiste en bois et en toile, est pourvu aujourd'hui de toutes les voies de communication, un canal la mettant aussi en rapport avec la Lys. Sa population est de sept mille cinq cents habitants.

Le bois et les riantes campagnes qui environnent Hazebrouck en font une résidence fort agréable. Dans le trajet d'Hazebrouck à Saint-Omer, on ne rencontre que la station d'**Ebblinghem.**

## DE SAINT-OMER A CALAIS.

Nous rentrons dans le département du Pas-de-Calais, et nous arrivons bientôt à **Saint-Omer.**

Ce lieu s'appelait autrefois *Sithiu*. Saint Omer, évêque de Térouanne, saint Bertin, saint Momelin et saint Ebertran y prêchèrent la foi catholique sous le règne de Dagobert. La terre de Sithiu appartenait alors à un riche seigneur, nommé Aldroald, qui, ayant embrassé le christianisme, donna par reconnaissance au saint évêque cette partie de ses biens pour y construire un monastère. Ce dernier le céda à saint Bertin qui en fut le premier abbé. Cette maison acquit en peu de temps une grande célébrité, tant par le nombre de religieux qui vinrent se mettre sous la direction de saint Bertin, que par le grand nombre d'habitants qui vinrent se grouper à l'entour, et formèrent une ville qui prit le nom d'*Audomaropolis*, en l'honneur de saint Omer, qui y bâtit aussi une église en l'honneur de la Vierge. Cette église devint plus tard une cathédrade, car Saint-Omer était une ville épiscopale avant la révolution; elle relevait de l'archevêché de Reims.

Au neuvième siècle, à la suite des ravages qu'y firent les Normands, on sentit la nécessité de fortifier cette ville. Baudouin ii, comte de Flandre, remplaça ces fortifications par celles qui subsistent encore aujourd'hui et elles furent augmentées en 1054.

Cette ville fut prise en 1486 par les Autrichiens, qui y firent entrer nuitamment 800 hommes par la grille de l'aqueduc de l'Aa, du côté de Saint-Bertin. Trois ans après, les habitants, à leur tour, à l'aide des troupes qu'ils introduisirent aussi dans la place, obligèrent la garnison à se retirer.

Les Français assiégèrent inutilement la ville de Saint-Omer en 1635. Mais ils eurent plus de succès en 1677, sous la conduite du duc d'Orléans, frère du roi Louis xiv. L'année suivante, elle fut définitivement acquise à la France, par le traité de Nimègue. Le roi fit alors réparer et perfectionner par Vauban les anciennes fortifications.

La ville de Saint-Omer est située dans une contrée marécageuse sur l'Aa; ses rues sont larges et bien percées; l'église de Notre-Dame est très-digne de fixer l'attention. On y voit encore les élégantes ruines de l'abbaye de Saint-Bertin, qui a donné tant d'importance à cette ville. C'est là que Childéric iii, le dernier des rois de la première race, termina ses jours. La riche bibliothèque de la ville provient en grande partie de cette abbaye.

Saint-Omer est la patrie de l'abbe Suger et de Malbrancq, historien.

Près de la ville était la fameuse abbaye de Clairmarais. C'était là qu'on trouvait des îles flottantes, petites portions de terre, liées par des racines d'herbes, de roseaux et d'arbrisseaux, qui se maintenaient constamment au-dessus de l'eau et se plaçaient comme des barques, quoique chargées de bestiaux qui trouvaient une abondante nourriture dans leurs vigoureux herbages.

**Waten** sur l'Aa, joli bourg, dans une situation riante et pittoresque, appelle bientôt notre attention.

Autrefois, la mer venait battre le mont de Waten. Ptolémée l'appelait *Itium promontorium.* Waten, au temps de César, était une forteresse qui assurait les conquêtes des Romains dans cette partie de la Morinie. Une abbaye qui devint très-célèbre, s'y établit vers la fin du onzième siècle. Waten, jusqu'au dix-huitième siècle, fut regardé comme un point militaire important. «C'est à Waten qu'il faut placer la clef des eaux, disait Vauban; c'est à Waten qu'on doit fortifier Saint-Omer.»

Les ruines, les médailles et les débris d'édifices découverts à Waten, ont attesté sa haute antiquité; il est à désirer que l'on prenne des précautions pour le maintien de la *vieille tour,* qui rappelle tant de siècles écoulés.

Voici **Audruiek**, bourg qui fut autrefois fortifié. Les Anglais, les Espagnols et les Français se disputèrent et conquirent tour-à-tour cette place qui en trois siècles changea six fois de maîtres, jusqu'à ce que le traité de Nimègue en assurât définitivement la possession à la France. Nous approchons d'**Ardres**, petite place forte, aux environs de laquelle eut lieu, en 1520, entre François Ier et Henri VIII, la célèbre entrevue du champ du Drap-d'or.

Saluons en passant **Saint-Pierre**, le souvenir du libérateur de Calais, qui a donné son nom à cette ville remarquable aujourd'hui par l'activité qu'elle a imprimée à l'industrie des tulles.

**Calais** nous appelle, nous y voici: cette ville, dont il n'était pas question avant le neuvième siècle, n'était alors qu'un village formé de cabanes autour d'un port creusé par la nature, et fortifié de deux grosses tours, dont une était attribuée à Caligula. En 997, Baudouin IV, comte de Flandre, améliora ce port, et en 1224 Philippe, comte de Boulogne, oncle de saint Louis, fit entourer Calais d'un mur flanqué de petites tours de distance en distance, avec des fossés extérieurs. Ces murs furent construits si solidement qu'ils subsistent encore aujourd'hui. Il n'en est pas de même d'un vaste donjon construit par le même prince, qui fut démoli en 1560 et remplacé par la citadelle.

Tout le monde connaît l'histoire du siège de Calais par Édouard III, roi d'Angleterre, la

capitulation de cette ville, après un an de résistance et le dévouement d'Eustache de Saint-
Pierre, ainsi que de ses généreux compagnons.
Heureuses les femmes qui, à l'exemple de l'épouse
d'Edouard , savent ménager leur influence dans
le seul but d'empêcher leurs maris de commettre
des fautes ! Cette généreuse reine, non contente
d'avoir obtenu le salut de ses protégés, les fit ha-
biller et les gratifia d'une somme d'argent qu fut
loin de leur être inutile, car, chassés de leur ville
pour faire place aux Anglais, les habitants de Calais
furent obligés d'aller chercher ailleurs leur subsis-
ance. Par représaille , le duc de Guise , ayant
repris Calais deux cent onze ans plus tard, ex-
pulsa les Anglais qui s'étaient établis dans cette
ville.

En 1595 ce furent les ligueurs qui s'en emparèrent. Ils prirent d'assaut la citadelle et passè-
rent la garnison au fil de l'épée. En 1657 les Espagnols l'assiégèrent sans succès. En 1804 les Anglais, voulant brûler une flotille française, relâ-
chée dans son port, jetèrent des bombes jusque
dans la ville et endommagèrent plusieurs maisons.

Le port de Calais est très favorable au commerce,
il a été jusqu'ici, par sa position, le plus fréquenté
pour les communications avec l'Angleterre.

Les principaux monuments de Calais sont une
belle église gothique et l'hôtel-de-ville qui est
fort curieux. Entre les hommes célèbres qui sont
nés dans cette ville on cite particulièrement De la
Place, célèbre astronome.

## Cassel, Bergues.

Retournons sur nos pas jusqu'à Hazebrouck, et là nous pren Irons la ramification du chemin de fer qui conduit à Dunkerque : voici le Mont Cassel, le plus beau site de toute la Flandre. Soit qu'on parcoure les sentiers sinueux bordés d'églantiers qui font de cette montagne un délicieux labyrinthe, ou que, parvenu au sommet, l'on embrasse l'horizon sans bornes qui laisse distinguer plus de trente villes et de quatre cents villages, rien, dans tout le département du Nord, ni peut-être dans les provinces environnantes, n'offre un séjour plus propre à solliciter le touriste de s'y arrêter.

Une forteresse fut bâtie sur cette montagne en 860 par Odoacre, forestier de Flandre. C'est là l'origine de son nom (*Castellum*). Un grand nombre d'habitants, attirés par la protection que leur offrait ce château, vinrent s'établir à l'entour, et les comtes de Flandre entourèrent de murailles cette nouvelle ville.

La ville de **Cassel** est surtout renommée par les trois batailles gagnées par trois Philippe de France. Sans parler de Philippe Ier, qui fut défait sous ses murs par Robert le Frison, Philippe-

Auguste la prit en 1214. Philippe de Valois la saccagea en 1324, et y fit un carnage (qui a été attribué à tort à Philippe le Bel) en punition du défi des habitants ; ils avaient fait peindre sur leurs murs un coq avec ces deux vers :

> Quand ce coq chanté aura
> Le roi Cassel conquestera.

Enfin Philippe d'Orléans, frère de Louis xiv, prit cette ville en 1677 sur le prince d'Orange.

Cassel, si forte autrefois, est aujourd'hui ouverte. Son ancien château est détruit ainsi que sa belle *tour grise*, qui était fort élevée et servait de fanal ; la mer est cependant à six lieues de là ; sur le même emplacement se trouve un château plus moderne qui a appartenu au général Vandamme.

A deux lieues de Cassel se trouve le beau village de **Wormhoudt** que partout ailleurs on qualifierait de ville. Saint Winoc, disciple de saint Bertin, vint bâtir un monastère sur les bords d'un ruisseau nommé le Peene, il y mourut vers l'an 717. Le monastère de Wormhoudt ayant été ruiné, le corps du saint fondateur fut transporté l'an 920 au château de Berg ou *Groen berg*, situé à deux lieues plus loin. Le culte de ce saint y est devenu si célèbre qu'on donna le nom de Bergues Saint-Winoc à la ville qui s'éleva autour de son tombeau.

Il est impossible de voir une route plus régulièrement belle que celle de Wormhoudt à Bergues, elle rappelle la route dite de la *Révolte*, qui conduit de Paris à Saint-Denis. Une succession de maisons de campagnes qui, avec leurs parcs en bordent les deux côtés, empêchera toujours que le chemin de fer construit parallèlement à cette route la fasse négliger tout-à-fait.

Tout en nous occupant de Wormhoudt et des paysages flamands que nous présentent les riches et fertiles campagnes qui nous entourent, nous avons traversé les stations des villages d'**Arnëke** et d'**Esquelbecq**, et nous voici à **Bergues**, jolie petite ville bien fortifiée. Plus de rentiers que de commerçants l'habitent, et l'herbe croît dans ses rues. Cependant son marché de grains, beurres et fromages a de la réputation.

S'il faut en croire la tradition, Bergues fut autrefois port de mer ; ce doit avoir été dans un temps très-reculé, car Dunkerque date du septième siècle.

On dit : *Heureux les peuples dont l'histoire est ennuyeuse !* on peut appliquer ce proverbe à la ville de Bergues. Cependant, lors des guerres de religion, en Flandre, elle tint avec opiniâtreté le parti des rebelles, et le prince de Parme l'ayant fait assiéger en 1583, y trouva tant de résistance qu'il fut obligé de changer le siège en blocus pour la forcer à capituler. Ce qu'elle fit enfin.

Les Français prirent cette ville en 1658, et en demeurèrent maîtres par la paix des Pyrénées : ils y ont fait des fortifications qui en augmentent l'importance[1].

L'hôtel-de-ville de Bergues est remarquable ; sa construction est de 1664 ; son architecture est gracieuse. Il y a une belle collection de tableaux, dont plusieurs de Brouwer, de Ségers, de Rubens et de Vandyck. Ces richesses artistiques, ainsi que la bibliothèque, proviennent de la célèbre abbaye de Saint-Winoc. Le beffroi, d'origine espagnole, est très curieux. Il est très-hardi et d'une élégance recherchée ; l'architecte ne comptait guère sur la solidité de son œuvre ; car l'on raconte qu'à sa sortie de la ville, il se retourna plus d'une fois avec inquiétude, pour s'assurer si le monument était encore debout.

De Bergues à Dunkerque le pays devient très-aride, un triste canal joint ensemble ces deux villes. Heureusement ce trajet de deux petites lieues qui semblait si long dans la barque de Bergues est franchi en moins d'un quart-d'heure par l'agile locomotive qui nous entraîne.

Enfin, voici **Dunkerque :** un vrai joyau de fraîcheur et de propreté. Son nom signifie en flamand *église des dunes*. Elle doit effectivement son origine à une chapelle que bâtit, au milieu de ces monticules de sables, saint Éloi qui vint

[1] L'histoire de Bergues-St-Winoc, écrite par M. Piers, ne manque pas d'intérêt. L'auteur énumère un grand nombre de personnages plus ou moins remarquables, nés à Bergues et aux environs.

y prêcher l'Evangile aux pêcheurs de la côte.

Nous voyons près de la place d'armes une belle église sous l'invocation de ce saint ; elle était originairement plus grande, et s'étendait jusqu'à la tour, dont elle est aujourd'hui séparée par une rue assez large. L'ancien portail de cette église gothique est remplacé par un fronton grec, à colonnes corinthiennes d'une très-grande beauté, mais dont le style est en discordance avec le reste de l'édifice. L'église Saint-Jean, ancienne chapelle des Récollets, offre une singularité remarquable ; ce sont des galeries ou cloitres qui y sont annexés et qui servent de chapelles latérales, enclavant dans leur circuit un jardin qui se trouve ainsi enfermé dans l'église ; ce que les Dunkerquois voient tous les jours, sans s'imaginer qu'ils ont là un très-bizarre monument.

La statue de Jean-Bart, dont Dunkerque se glorifie à juste titre d'être la patrie, est encore un des ornements de cette ville.

Le port, l'arsenal et le parc de la marine sont curieux et offrent de belles promenades.

Le carillon de Dunkerque a eu une célébrité qui se conçoit peu aujourd'hui ; néanmoins ses sons animés jetés dans l'air ont quelque chose de très-gai, qui se marie agréablement au bruit que font entendre les jours de fête certaines verroteries qui s'entrechoquent suspendues au milieu de couonnes, de guirlandes de fleurs et de drapeaux de

toutes les nations formant d'éblouissants et ma-
giques berceaux dans toutes les rues.

La charmante chapelle de Notre-Dame-des-
Dunes témoigne de la piété des marins et des
habitants de Dunkerque.

Dunkerque a été l'objet des bienfaits et des
privilèges de plusieurs comtes de Flandre et de
l'empereur Charles Quint, mais elle éprouva les
fureurs de la guerre durant les siècles derniers.
Les Anglais l'avaient brûlée en 1388. En 1558 les
Français la surprirent. Les Espagnols la reprirent
en 1583, et les Français s'en rendirent encore
maîtres en 1646. Six ans après, elle retombait au
pouvoir des Espagnols, et après six autres années
encore elle fut reconquise par Turenne, puis
cédée aux Anglais, puis enfin revendue à la
France en 1662 pour la somme de cinq millions
de florins. On voit que Dunkerque devait alors
avoir une grande importance. Louis XIV en
augmenta considérablement les fortifications.

Vous croyez peut-être que c'en est fait des
vicissitudes de cette ville? eh bien non! En vertu
d'un traité avec la reine Anne, Louis XIV fut
obligé de la livrer aux Anglais en 1712; l'année
suivante, en vertu de nouvelles négociations,
Dunkerque retourna à la France, mais à la triste
condition de voir démanteler tous les beaux ouvrages de fortifications que Louis XIV y avait fait
faire, et de voir combler son port en partie.

Néanmoins, la franchise de ce port, encore

propre au commerce, et l'activité des habitants
de Dunkerque rendirent bientôt à cette ville une
grande prospérité. La révolution de 93 lui fit
perdre ses privilèges ; et quoiqu'ayant encore des
ressources, elle est aujourd'hui déchue de ce
qu'elle était autrefois.

Dunkerque a salué avec enthousiasme la nouvelle ère qui s'ouvre à son avenir, par l'établissement des *rail-ways*. L'inauguration du chemin
de fer en 1848, a été pour cette ville l'occasion
des fêtes les plus magnifiques que le génie flamand ait depuis longtemps inventées. Ces fêtes
durèrent plusieurs jours et attirèrent une immense affluence. La situation de Dunkerque est
maintenant plus avantageuse que jamais et pro-
met à son commerce le plus grand développement et d'incalculables prospérités.

**FIN.**

# TABLE

## PARIS A MOUSCRON.

| Noms des Stations. | Noms des Déparéements. | Distances de Paris. [en kilomètres.] |
|---|---|---|
| Paris. | Seine. | » |
| Saint–Denis. | » | 7 |
| Enghien. | Seine-et-Oise. | 12 |
| Ermont. | » | 15 |
| Franconville. | » | 18 |
| Herblay. | » | 21 |
| Pontoise. | » | 29 |
| Auvers. | » | 34 |
| Isle-Adam. | » | 40 |
| Beaumont. | » | 46 |
| Boran. | Oise. | 53 |
| Précy. | » | 58 |
| Saint Leu. | » | 61 |
| Creil. | » | 68 |
| Liancourt. | » | 75 |
| Clermont. | » | 83 |
| Saint-Just. | » | 97 |
| Breteuil. | » | 112 |
| Ailly. | Somme. | 129 |
| Boves. | » | 139 |

| Noms des Stations. | Noms des Départements. | Distances de Paris. [en kilomètres.] |
|---|---|---|
| Amiens. | Somme. | 148 |
| Corbie. | » | 163 |
| Albert. | » | 179 |
| Achiet. | Pas-de-Calais. | 198 |
| Boisleux. | » | 207 |
| Arras. | » | 215 |
| Rœux. | » | 205 |
| Vitry, | » | 231 |
| Douai. | Nord. | 241 |
| Leforest. | » | 248 |
| Carvin. | Pas-de-Calais. | 255 |
| Seclin. | Nord. | 263 |
| Lille. | » | 273 |
| Roubaix. | » | 283 |
| Tourcoing. | » | 287 |
| Mouscron. | Belgique. | 291 |

## DOUAI A BRUXELLES.

| | | |
|---|---|---|
| Douai. | Nord.. | 241 |
| Montigny. | » | 250 |
| Somain. | » | 256 |
| Wallers. | » | 266 |
| Raismes. | » | 272 |
| Valenciennes. | » | 277 |
| Quiévrain. | Belgique. | 289 |
| Thulin. | » | 293 |
| Boussu. | » | 296 |
| Saint-Ghislain. | » | 300 |
| Jemmapes. | » | 304 |
| Mons. | » | 308 |

| Noms des Stations. | Noms des Départements. | Distances de Paris. [en kilomètres.] |
|---|---|---|
| Jurbise. | Belgique. | |
| Soignies. | » | |
| Braine-le-Comte. | » | |
| Tubize. | » | |
| Hal. | » | |
| Bruxelles. | » | 370 |

## CREIL A SAINT-QUENTIN.

| | | |
|---|---|---|
| Creil. | Oise. | 68 |
| Pont-Ste.-Maxence. | » | 80 |
| Verberie. | » | 90 |
| Compiègne. | » | 100 |
| Thourotte. | » | 109 |
| Ourscamps. | » | 117 |
| Noyon. | » | 124 |
| Appilly. | » | 132 |
| Chauny. | Aisne. | 140 |
| Tergnier–Lafère. | » | 147 |
| Montescourt. | » | 157 |
| Saint-Quentin. | » | 170 |

## AMIENS A BOULOGNE.

| | | |
|---|---|---|
| Amiens. | Somme. | 148 |
| Ailly-le-haut-Clocher. | » | 158 |
| Picquigny. | » | 163 |
| Hangest-sur-Somme. | » | 170 |
| Longpré. | » | 177 |
| Pont-Remy. | » | 185 |
| Abbeville. | » | 193 |
| Noyelles. | » | 207 |
| Rue. | » | 217 |

| Noms des Stations. | Noms des Départements. | Distances de Paris. [en kilomètres.] |
|---|---|---|
| Montreuil-Verton. | Pas-de-Calais. | 223 |
| Etaples. | » | 244 |
| Neufchatel. | » | 258 |
| Boulogne. | » | 272 |

## LILLE A CALAIS PAR SAINT-OMER, ET A DUNKERQUE.

| | | |
|---|---|---|
| Lille. | Nord. | 273 |
| Pérenchies. | » | 282 |
| Armentières. | » | 289 |
| Steenwerck. | » | 297 |
| Bailleul. | » | 304 |
| Strazeele. | » | 309 |
| Hazebrouck. | » | 315 |
| Ebblinghem. | » | 325 |
| Saint-Omer. | Pas-de-Calais. | 336 |
| Waten. | Nord. | 344 |
| Audruick. | Pas-de-Calais. | 356 |
| Ardres. | » | 364 |
| Saint-Pierre. | » | 375 |
| Calais. | » | 378 |

| | | |
|---|---|---|
| Hazebrouck. | Nord. | 315 |
| Cassel. | » | 325 |
| Arneke. | » | 332 |
| Esquelbecq. | » | 339 |
| Bergues. | » | 348 |
| Dunkerque. | » | 356 |

18

# TABLE ALPHABÉTIQUE

## Des villes, bourgs et villages,

CITÉS DANS L'ITINÉRAIRE.

### A

### B

### C

— ◦•◦ —

# TABLE

## Des Noms cités dans l'Itinéraire.

FIN DES TABLES.

— Lille, Typ. L. Lefort. 1852. —

www.ingramcontent.com/pod-product-compliance
Lightning Source LLC
Chambersburg PA
CBHW070603100426
42744CB00006B/386